PRONONCIATION

THÉORIQUE ET PRATIQUE

DE LA

LANGUE ANGLAISE,

D'APRÈS

Une MÉTHODE entièrement nouvelle, où les mots sont classés ensemble, non par rapport à leur ORTHOGRAPHE, mais par rapport à leur CONSONNANCE; suivie d'un RECUEIL d'anecdotes et d'extraits faciles, dans lesquels les mots ont leur prononciation figurée et accentuée. — TRADUCTION INTERLINÉAIRE, suivie de l'EXPOSÉ des règles sur la PRONONCIATION, l'ACCENTUATION, la QUANTITÉ, et observations sur la DÉRIVATION des mots anglais,

PAR W. CROMPTON,

PROFESSEUR DE LANGUE ET DE LITTÉRATURE ANGLAISES.

Chi ben comincia ha la metà dell' opra.
GUARINI.

A PARIS,

CHEZ
L'AUTEUR, RUE SAINT-HONORÉ, N°. 357;
Mme. HUZARD, LIBRAIRE, RUE DE L'ÉPERON, N°. 7;
BAUDRY, LIBRAIRE, RUE DU COQ-SAINT-HONORÉ, N°. 9.

1830.

PRONONCIATION

THÉORIQUE ET PRATIQUE

DE LA

LANGUE ANGLAISE.

L'Auteur donne des leçons chez lui et en ville à des prix modérés.

IMPRIMERIE
DE MADAME HUZARD (NÉE VALLAT LA CHAPELLE),
rue de l'Éperon, n°. 7. (Mai 1830.)

PRONONCIATION

THÉORIQUE ET PRATIQUE

DE LA

LANGUE ANGLAISE,

D'APRÈS

Une MÉTHODE entièrement nouvelle, où les mots sont classés ensemble, non par rapport à leur ORTHOGRAPHE, mais par rapport à leur CONSONNANCE; suivie d'un RECUEIL d'anecdotes et d'extraits faciles, dans lesquels les mots ont leur prononciation figurée et accentuée. — TRADUCTION INTERLINÉAIRE, suivie de l'EXPOSÉ des règles sur la PRONONCIATION, l'ACCENTUATION, la QUANTITÉ, et observations sur la DÉRIVATION des mots anglais,

PAR W. CROMPTON,

PROFESSEUR DE LANGUE ET DE LITTÉRATURE ANGLAISES.

Chi ben comincia ha la metà dell' opra.
GUARINI.

A PARIS,

CHEZ
L'AUTEUR, RUE SAINT-HONORÉ, N°. 357;
Mme. HUZARD, LIBRAIRE, RUE DE L'ÉPERON, N°. 7;
BAUDRY, LIBRAIRE, RUE DU COQ-SAINT-HONORÉ, N°. 9.

1830.

PRÉFACE.

S'il n'y a pas de langue plus simple dans sa construction que la langue anglaise, et en même temps aussi bizarre dans sa prononciation, il n'y en a aussi aucune dont l'orthographe des mots varie davantage, malgré la similitude des sons, et qui soit par conséquent plus difficile à apprendre : il en résulte qu'un grand nombre de personnes qui commencent l'étude de cette langue, découragées par les difficultés qui se présentent à chaque instant et par le peu d'espoir qu'elles ont de réussir, l'abandonnent bientôt après de faibles et d'inutiles efforts. Pour vaincre ces difficultés, l'auteur soumet au public la présente méthode, qu'il a empruntée à un célèbre grammairien, son compatriote; méthode qui a obtenu un grand succès en Angleterre, et qu'il a arrangée pour des élèves français.

Cet ouvrage est divisé en quatre Parties.

Un des principaux objets de la première est d'enseigner la prononciation exacte des sons élémentaires : pour y réussir un nombre considérable de leçons sur les monosyllabes est indispensable, cependant on n'a admis dans ce plan que les seuls monosyllabes nécessaires pour former les sons variés et exacts des lettres, chaque paragraphe étant borné à un petit exercice sur le son *particulièrement élémentaire.* L'élève retirera en outre un grand avantage en apprenant ces mots par cœur, car nos monosyllabes sont, pour la plupart, dérivés du saxon, et constituent la partie radicale de la langue. En adoptant cette méthode, il aura déjà fait des progrès considérables dans l'étymologie, puisque les mêmes mots servent à la composition d'un grand nombre d'autres. Les radicaux anglais de deux syllabes dérivent principalement du français et du latin; l'élève qui connaît la langue latine éprouvera peu ou point de difficultés à retenir ces mots.

La seconde Partie aidera l'élève dans la prononciation et dans l'orthographe.

Les mots de deux syllabes ne sont pas seulement classés par chapitres, selon leur accent; ils sont encore arrangés en paragraphes adaptés aux sons longs ou brefs, moyens ou ouverts des voyelles et des diphthongues.

Chaque section est aussi subdivisée en parties, dans chacune desquelles tous les mots ont les voyelles ou diphthongues correspondantes, qui ont précisément le même son. Par cet arrangement, l'élève sera capable, en très peu de temps, d'apprendre la prononciation correcte d'un grand nombre de mots. Pour rendre cette explication plus claire, on consultera la première page de cette seconde Partie, où l'on trouve le mot *nap-kin*: tous les mots, entre celui-ci et celui qui, après lui, a la prononciation figurée, quoiqu'ils semblent varier dans leur orthographe et que leurs terminaisons même soient si différentes, ont absolument le même son dans la prononciation de leurs voyelles.

Le mot *nap-kin*, étant considéré comme la clef, a la prononciation figurée. Ces terminaisons, trouvées dans d'autres mots, ont exactement le même son, et il y a peu d'exceptions. Quelques uns des chapitres suivans traitent des finales et d'autres sujets qui ne manqueront pas de fixer l'attention de l'élève.

Chaque paragraphe de la première et de la seconde Partie est expliqué par un exercice contenant des phrases courtes et familières, qui aident l'élève pour la prononciation et l'orthographe des mots qu'il a répétés.

L'explication des mots anglais est donnée en regard:

les présenter à l'élève sans leur signification correspondante en français, ce serait lui offrir seulement une foule de sons confus et irréguliers, qu'il trouverait très difficiles à retenir. De cette manière, les sons se fixeront plus aisément dans sa mémoire, et rendront les phrases qui suivent chaque paragraphe plus aisées et plus familières.

La troisième Partie contient des anecdotes et des extraits faciles, afin d'accoutumer l'élève à prononcer des phrases plus longues et moins familières que celles qu'il a vues jusqu'alors, et pour l'amener à la connaissance de la construction de la langue. Dans les premières pages, il est aidé par la traduction littérale, dans laquelle le mot français se trouve placé sous le mot anglais correspondant. Afin de faciliter l'élève qui doit lire cette troisième Partie pendant qu'il s'occupe des deux premières, on a 1°. imprimé en *caractères italiques* les lettres qui ne doivent pas être prononcées; 2°. donné la prononciation figurée (1) pour les voyelles et les diphthongues qui ont rapport au tableau; 3°. enfin placé l'accent sur toutes les syllabes.

La quatrième Partie contient des règles sur la prononciation, l'accentuation, la quantité et quelques observations sur la dérivation des mots anglais. Les règles de la prononciation sont présentées sous la forme la plus simple possible. Les voyelles, les diphthongues et les consonnes sont traitées dans des sections à part.

Le dernier chapitre offre quelques remarques sur la dérivation; il donne à l'élève une idée générale de la formation et de la composition des mots anglais, et l'initie à la connaissance d'un grand nombre d'autres, soit qu'ils soient formés les uns des autres, ou dérivés des langues étrangères.

---

(1) La prononciation est d'après celle donnée par M. Walker, qui est la meilleure, et que tout le monde qui veut bien prononcer doit suivre.

Afin d'offrir son ouvrage au public, sous la forme la plus simple, l'auteur a pris soin, en n'introduisant sur ce sujet que ce qui est concluant, de ne rien omettre qui ne fût essentiellement nécessaire à l'instruction de l'élève: son seul but est de le conduire par gradation dans cette partie épineuse et compliquée de la langue.

SONS RÉGULIERS.

Numéros.	VOYELLES.	DIPHTHONGUES (1).			MOTS qui renferment les sons des voyelles et des diphthongues.	SONS SIMILAIRES FRANÇAIS.
1	A . . .	AI, AY, EI, EY,	long	comme	FATE.	*Fée.*
2	A . . .	. . . .	bref.		FAT.	*Fat.*
3	A . . .	. . . .	moyen.		FAR	*Phare.*
4	A . . .	AU, AW, . . .	ouvert.		HALL *	*Or.*
5	E . . .	EA, EE, IE, . .	long.		ME	*Mie.*
6	E . . .	. . . .	bref.		MET	*Nette.*
7	I . . .	. . . .	long.		LIKE.	*Laïque* (bref).
8	I . . .	. . . .	bref.		PIN.	*Inné.*
9	O . . .	OA, OE, ...	long.		NO.	*Seau.*
10	O . . .	. . . .	bref.		NOT	*Note.*
11	O . . .	OO, ...	moyen.		MOVE	*Mouvoir.*
12	U . . .	EU, EW, UE, .	long.		TUBE.	*Tioube.*
13	U . . .	. . . .	bref.		SUM.	*Somme.*
14	U . . .	. . . .	moyen		PULL.	*Poule.* (Très bref.)

OBSERVATION.

* L'A, dans le mot HALL, se rapproche beaucoup de l'O, et l'on trouve un son presque semblable dans le mot français OR, qui correspond exactement à la prononciation du mot anglais OR, *ou*. En effet, en consultant le paragraphe 17, qui contient les sons irréguliers des voyelles, on trouvera un nombre de mots où l'O suivi d'un R a la prononciation de l'A ouvert. Donc, le son de la voyelle O, dans le mot français OR, doit donner une idée assez exacte du son de la voyelle A dans le mot anglais HALL.

De plus, le mot anglais OR, *ou*, se prononce exactement comme s'il était écrit AUR; la lettre O, dans cet exemple, a donc le même son que la diphthongue AU : et comme HALL, *château*, d'après la règle qui fait que tout A suivi de deux LL se prononce AU, ainsi HALL, *château*, et HAUL, *tirer*, ne présentent aucune différence pour la prononciation : il est donc évident que la lettre A, dans HALL, offrira absolument le même son que la lettre O dans OR.

SONS IRRÉGULIERS. (*Voyez paragraphe* 17.)

A . . .	. . . .	comme	O	bref.	WANT.
E . . .	. . . .	. . .	A	long.	WHERE.
E . . .	. . . .	. . .	U	bref.	HER (2).
I . . .	. . . .	. . .	U	*Id.*	DIRT.
O . . .	. . . .	. . .	A	ouvert.	OR.
O . . .	. . . .	. . .	U	bref.	SOME
U . . .	. . . .	. . .	O	moyen.	RULE.

DIPHTHONGUES OU LES DEUX VOYELLES SE PRONONCENT.

15		OI et OY	comme	OIL, BOY.	Pour la prononciation (*voyez règles* 6e. *et* 7e., 4e. Partie).
16		OU et OW	. . .	OUT, NOW.	

(1) Pour les règles sur la prononciation des voyelles et des diphthongues, voyez la 4e. Partie.

(2) E et I, suivis de R, se prononcent comme EUR dans le mot HEURE. (*Voyez paragraphe* 17.)

PREMIÈRE PARTIE.

MONOSYLLABES FACILES.

CHAPITRE PREMIER.

DE LA PRONONCIATION DES VOYELLES, DES CONSONNES ET DES DIPHTHONGUES.

§ 1. *De l'Alphabet.*

L'alphabet anglais est composé de vingt-six lettres, dont voici l'ordre et le nom :

a	*b*	*c*	*d*	*e*	*f*	*g*	*h*	*i*	*j*	*k*	*l*	*m*	*n*	*o*	*p*	*q*
ée	bi	ci	di	î	elf	dgi	ètch	aï	dgé	ké	ell	emm	enn	ô	pi	kiou

r	*s*	*t*	*u*	*v*	*w*(1)	*x*	*y*	*z*
arr	ess	ti	ioû	vi	deubliou	eks	ouaï	zed

REMARQUE.

Sur le tableau ci-joint, les sons *réguliers* des voyelles sont séparés des irréguliers, afin que l'élève ne se trouve pas embarrassé du grand nombre varié et différent des voyelles unies ensemble. Notre but étant de renfermer le nombre des sons dans le plus petit cadre possible, pour épargner de la peine à l'élève, nous avons porté à quatorze seulement le nombre des sons, encore dans ce nombre se trouvent compris les sons irréguliers, comme on peut le voir en examinant le tableau.

Les sons des différentes voyelles se trouvent renfermés dans les mots anglais qui correspondent; les sons français correspondans sont offerts dans une autre colonne, pour aider ceux qui font usage de cet ouvrage sans maître. Il est cependant nécessaire

(1) W et Y sont des consonnes au commencement d'un mot, dans d'autres positions elles sont des voyelles.

d'observer que la véritable prononciation des voyelles anglaises ne peut être toujours donnée par le moyen des sons français. L'élève donc, toutes les fois qu'il le pourra, obtiendrait la prononciation des mots anglais contenus dans la première colonne, en les prononçant de *vive-voix*; non seulement il devra le faire, mais encore les apprendre par cœur, ainsi que les chiffres correspondans.

En adoptant cette méthode, il aura déjà beaucoup fait, car toute la prononciation figurée a rapport au tableau.

Explication du tableau.

Pour faire usage de ce tableau, il est simplement nécessaire d'observer que les chiffres placés sur les lettres correspondent à ceux du tableau, et ont un son semblable; par exemple : Si l'élève désire prononcer cette phrase :

8 5 13 5
Give (1) me some meat.
Donnez-moi de la viande.

En regardant au tableau, il trouvera que *i*, dans le mot *give*, a le son bref, comme dans *pin*; l'*e*, dans *me*, a le son long, qui correspond exactement à celui de l'*i* français; *o*, dans le mot *some*, a le même son que l'*u* bref anglais; et *ea*, dans le mot *meat*, a le cinquième son du tableau, qui correspond à l'*i* français. Il prononcera donc la phrase de la manière suivante :

Guive mi somme mite.

Il en est de même pour les autres mots.

Avant de terminer cette remarque, il est bon d'observer que, quelle qu'ait été notre peine pour rendre utile un ouvrage de cette nature, on le trouvera toujours défectueux; car si, comme on l'a justement fait observer, la prononciation d'une langue peut seulement s'obtenir de *vive-voix*, combien, à plus

(1) E est muet à la fin d'un mot ou d'une syllabe, quand il s'y trouve une autre voyelle.

forte raison, cette remarque est-elle applicable à l'anglais, dont la prononciation diffère tant de l'orthographe!

Cet ouvrage donc, comme tous ceux de cette nature, a été composé plutôt à l'effet d'aider que d'enseigner la prononciation. L'élève, cependant, retirerait sans doute un grand avantage sous les yeux d'un maître attentif et éclairé, qui le conduirait pas à pas dans cette partie épineuse de la langue.

Sons élémentaires des Consonnes.

B	au commencement et à la fin des mots,	bat,	tub.
D	. . . .	dog,	sod.
F	. . . .	for,	off.
V	. . . .	van,	love.
G	. . . .	go,	egg.
H	. . . .	hop,	ho.
K	. . . .	kill,	oak.
L	. . . .	lap,	tall.
M	. . . .	my,	mum.
N	. . . .	nod,	on.
P	. . . .	pit,	map.
R	. . . .	rat,	tar.
S	. . . .	so,	lass.
Z	. . . .	zed,	buzz.
T	. . . .	top,	hot.
W	. . . .	wo,	will.
Y	. . . .	ye,	yes.
NG	. . . .	king,	sing.
SH	. . . .	shy,	ash.
TH (1)	. . . .	thin,	thick.
TH	. . . .	then,	them.
ZH	. . . .	pleasure.	

Quelques uns des sons élementaires qui précèdent ont un

---

(1) Pour prononcer le th, avancez la langue entre les dents, serrez-la contre les dents supérieures, et en faisant un effort de voix avant de retirer la langue, prononcez le mot *thin*.

grand rapport les uns avec les autres. C'est pourquoi l'élève en obtiendra une prononciation plus exacte et plus distincte, en répétant souvent des mots qui renferment des sons presque semblables. B et p, d et t, f et v, g et k, s et z, th et th, v et w donnent des sons qui se rapprochent beaucoup.

Pour les bien apprendre, que l'élève prononce les mots suivans :

b	de	p	comme	bat,	pat,	sob,	sop.
d	de	t	. . .	dip,	tip,	mad,	mat.
f	de	v	. . .	fan,	van,	leaf,	leave.
g	de	k	. . .	gun,	kin,	dog,	duck.
s	de	z	. . .	sun,	zed,	kiss,	buzz.
th	de	th	. . .	thin,	then,	path,	booth.
v	de	w	. . .	vine,	wine.		

---

§ 3. *Mots de deux lettres.*

VOYELLE LONGUE. (*Voyez la règle première,* n°. 2, 4e. Partie.)

By,	*par.*	So,	*ainsi, aussi.*	He,	*il.*
Or,	*ou.*	Go,	*aller.*	Me,	*moi.*
My (1),	*mon.*	Lo,	*voilà.*	We,	*nous.*
Do (2),	*faire.*	No,	*non.*	Be,	*être.*
To,	*à.*	Wo,	*malheur.*	Ye,	*vous.*

VOYELLE BRÈVE. (*Voyez la règle deuxième,* 4e. Partie.)

Am (3),	*je suis.*	If,	*si.*	Of,	*de.*
As,	*comme.*	In,	*en, dans.*	On,	*sur.*
An,	*un, une.*	Is (3),	*il est.*	Ox,	*bœuf.*
At,	*à.*	It,	*il, elle.*	Us,	*nous.*

---

(1) My se prononce maï lorsqu'il est emphatique, il se prononce *mi* dans les autres cas.

(2) Prononcez ces mots do, to, is, as, of, *dou, tou, iz, az, ov.*

(3) Le pronom est sous-entendu.

EXERCICE.

Go up,	*montez.*	So am I,	*et moi aussi.*
Go in,	*entrez.*	Do go on,	*avancez.*
Go on,	*avancez.*	We do so,	*nous faisons ainsi.*
Is he up?	*est-il levé?*	Do so to us,	*agissez de même envers nous.*

§ 4. *Mots de trois lettres.*

VOYELLE LONGUE.

Cry,	*pleurer.*	Why,	*pourquoi.*	Shy,	*réservé.*
Fry,	*frire.*	Spy,	*espion.*	Sky,	*ciel.*
Dry,	*sec.*	Thy,	*ton, ta, tes.*	Try,	*tâcher.*
Sly,	*rusé.*	Fly,	*mouche.*	The,	*le, la, les.*

VOYELLE BRÈVE.

And,	*et.*	Ask,	*demander.*	Ann,	*Anne.*
End,	*fin.*	Add,	*ajouter.*	Ass,	*âne.*
Ink,	*encre.*	Egg,	*œuf.*	Ell,	*aune.*
Oft,	*souvent.*	Ill,	*malade.*	Inn,	*auberge.*
Arm,	*bras.*	Odd,	*bizarre.*	Ash,	*frêne.*

EXERCICE.

A fly,	*une mouche.*	An ell,	*une aune.*
An ant,	*une fourmi.*	The sky,	*le ciel.*
An ass,	*un âne.*	My arm,	*mon bras.*
An inn,	*une auberge.*	An egg,	*un œuf.*
The ink,	*l'encre.*	The end,	*la fin.*

Go to Ann,	*allez à Anne.*	Go and ask,	*allez demander.*
She is ill,	*elle est malade.*	By and by,	*tout à l'heure.*
Is she up?	*est-elle levée?*	Try to do it,	*tâchez de le faire.*

CHAPITRE II.

SONS BREFS DES VOYELLES ET DES DIPHTHONGUES.

(*Voyez règle deuxième*, 4e. Partie.)

§ 5. *Mots de trois lettres.*

A comme **FAT** (1).

Bad,	*mauvais.*	Has,	*a.*
Bag,	*sac.*	Hat,	*chapeau.*
Can,	*pouvoir.*	Fat,	*gras.*
Cap,	*bonnet.*	Sad,	*triste.*
Cat,	*chat.*	Man,	*homme.*
Had,	*eu.*	Wax,	*cire.*

E comme **MET**.

Bed,	*lit.*	Leg,	*jambe.*
Beg,	*prier.*	Let,	*laisser.*
Fed,	*nourri.*	Met,	*rencontré.*
Wet,	*mouillé.*	Vex,	*fâcher.*
Hen,	*poule.*	Pen,	*plume.*
Men,	*hommes.*	Red,	*rouge.*
Get,	*gagner.*	Ten,	*dix.*
Yet,	*encore.*	Net,	*filet.*

I comme **PIN**.

Big,	*gros.*	Hid,	*caché.*
Bid,	*ordonner.*	His,	*son, sa, ses.*
Bit,	{ *mordre*, verbe. { *morceau*, substif	Him,	*lui.*
Did,	*faisait.*	Lip,	*lèvre.*
Dig,	*bêcher.*	Pig,	*cochon.*
Dim,	*obscure.*	Pin,	*épingle.*
Fig,	*figue.*	Rib,	*côte.*
Fit,	*commode.*	Sit,	*s'asseoir.*

(1) Tous ces mots correspondent au tableau.

O comme **NOT**.

Box,	*boîte.*	Dog,	*chien.*
Fox,	*renard.*	Fog,	*brouillard.*
Hot,	*chaud.*	Rob,	*voler.*
Nod,	*signe de tête.*	Rod,	*verge.*
Not,	*ne pas.*	Sob,	*sanglot.*
Pot,	*pot.*	Top,	*toupie.*

U comme **SUM**.

Bud,	*bouton.*	Mug,	*pot.*
But,	*mais.*	Nut,	*noix.*
Cup,	*tasse.*	Put,	*mettre.*
Cut,	*couper.*	Rub,	*frotter.*
Gun,	*fusil.*	Run,	*courir.*
Hum,	*bourdonner.*	Sun,	*soleil.*
Hut,	*hutte.*	Sup,	*soupir.*
Mud,	*boue.*	Tub,	*baquet.*

EXERCICE.

He can dig,	*il peut bêcher.*
I can beg,	*il peut prier.*
We can run,	*nous pouvons courir.*
It is hot,	*il fait chaud.*
Get my hat,	*allez chercher mon chapeau.*
Let us go,	*allons.*
He is sad,	*il est triste.*
Do not vex me,	*ne me fâchez pas.*
Do not go yet,	*n'allez pas encore.*
I met him at the inn,	*je le rencontrai à l'auberge.*
Put the figs in the box,	*mettez les figues dans la boîte.*
The dog bit him,	*le chien le mordit.*

---

§ 6. *Mots de quatre lettres.*

A comme **FAT**.

Band,	*bande.*	Flat,	*plat.*	Fast,	*ferme.*

Bank, *rivage.*	Have (1), *avoir.*	Last, *dernier.*
Damp, *humide.*	Hand, *main.*	Sash, *ceinture.*
Glad, *bien aise.*	Land, *terre.*	Sand, *sable.*

E comme MET.

Bell, *sonnette.*	Lent, *prêté.*	Send, *envoyer.*
Best, *le meilleur.*	Nest, *nid.*	Sell, *vendre.*
Desk, *pupitre.*	Rest, { *repos.* *reste.*	Tell, *dire.*
Fret, *fâcher.*	West, *ouest.*	Well, *bien.*
Left, { *gauche*, adj. *laissé*, verbe.	Mend, *raccommoder.*	When, *quand*

I comme PIN.

Dish, *plat.*	Kiss, *baiser.*	Silk, *soie.*
Fish, *poisson.*	King, *roi.*	Ship, *vaisseau.*
Give (2), *donner.*	Milk, *lait.*	Spin, *filer.*
Live (2), *vivre.*	Mist, *brouillard.*	Swim, *nager.*
Hill, *colline.*	Ring, *anneau.*	Will, *vouloir.*
Fill, *remplir.*	Sing, *chanter.*	Wish, *souhaiter.*

O comme NOT.

Blot, *tache d'encre.*	Gone (3), *allé.*	Song, *chanter.*
Drop, { *laisser tomber*, v. *goutte*, subst.	Long, *long.*	Soft, *doux.*
Fond, *amoureux.*	Lost, *perdu.*	Spot, *tache.*
From, *de*	Shop, *boutique.*	Stop, *arrêter.*

U comme SUM.

Burn, *brûler.*	Hurt, *faire du mal.*	Must, *il faut*
Dull, *stupide.*	Hush! *chut!*	Plum, *prune.*
Drum, *tambour.*	Jump, *sauter.*	Shut, *fermer.*
Dust, *poussière.*	Lump, *morceau.*	Sung, *chanté.*

EXERCICE.

It is a nest,	*C'est un nid.*
The king is gone,	*le roi est parti.*
The ship is lost,	*le vaisseau est perdu.*

---

(1) *Have*, exception au paragraphe 9.

(2) *Give* et *live*, exceptions au paragraphe 11.

(3) *Gone*, exception au paragraphe 12.

Put it on the desk,	*mettez cela sur le pupitre.*
I wish I had —	*je désire avoir —*
We jump,	*nous sautons.*
It is a red spot,	*c'est une tache rouge.*
Sing me a song,	*chantez-moi une chanson.*
My left hand,	*ma main gauche.*
Put the milk in the cup,	*mettez le lait dans la tasse.*
Ring the bell,	*sonnez la cloche. Tirez la sonnette.*
Shut the box,	*fermez la boîte.*
Mend my pen,	*taillez ma plume.*
Give me a pin,	*donnez-moi une épingle.*
Do not hurt me.	*ne me blessez pas.*

---

§ 7. *Mots de cinq et de six lettres.*

A comme **FAT**.

Glass, *verre.*	Plant, *plante.*	Stand, *se tenir debout.*
Grass, *herbe.*	Shall, *signe de futur.*	Stamp, *estampe.*

E comme **MET**.

Bless, *bénir.*	Fresh, *frais.*	Spell, *épeler.*
Dress, *s'habiller.*	Smell, *sentir.*	Spend, *dépenser.*

I comme **PIN**.

Bring, *apporter.*	Spring, *printemps.*	String, *cordon.*
Drink, *boire.*	Still, { *tranquille.* *encore.*	Sting, *piquer.*

O comme **NOT**.

Cross, *croix.*	Strong, *fort.*	Block, *bloc.*

U comme **SUM**.

Blush, *rougeur.*	Crust, *croûte.*	Snuff, { *moucher.* *tabac en poudre.*
Brush, *brosse.*	Crush, *écraser.*	Trunk, *coffre.*

EXERCICE.

Give me the brush,	*donnez-moi la brosse.*
Give me a crust,	*donnez-moi une croûte.*
The grass is yet wet,	*l'herbe est encore mouillée.*
I spell,	*j'épelle.*
I must drink,	*il faut que je boive.*
Stand still,	*restez tranquille.*

Stand up,	*levez-vous.*
Brush my hat,	*brossez mon chapeau.*
Bring me the cup,	*apportez-moi la tasse.*
Drink the milk,	*buvez le lait.*
Dress me,	*habillez-moi.*

§ 8. *Mots qui contiennent des diphthongues brèves.*

E comme **MET**.

Dead (1), *mort.*	Breath, *haleine.*	Thread, *fil.*
Deaf, *sourd.*	Earth, *terre.*	Stead, *place.*
Earl, *comte.*	Learn, *apprendre.*	Stealth, *à la dérobée.*
Earn, *gagner.*	Pearl, *perle.*	Sweat, *sueur.*
Head, *tête.*	Tread, *marcher.*	Threat, *menace.*
Bread, *pain.*	Meant, *signifié.*	Wealth, *richesse.*
Death, *mort.*	Read, *lu.*	Said, *dit.*
Health, *santé.*	Realm, *royaume.*	Says, *il dit.*
Heard, *entendu.*	Search, *recherche.*	Guess, *deviner.*
Lead, *plomb.*	Spread, *étendre.*	Friend, *ami.*

I comme **PIN**.

Been, *été.*	Build, *bâtir.*	Guilt, *crime.*

U comme **SUM**.

Blood, *sang.*	Does, *fait.*	Young, *jeune.*
Flood, *inondation.*	Touch, *toucher.*	Scourg, *fléau.*

EXERCICE.

I will learn to spell,	*j'apprendrai à épeler.*
I am ill,	*je suis malade.*
My friend is dead,	*mon ami est mort.*
I guess,	*je devine.*
He said to me,	*il me dit.*
Do you learn —	*apprenez-vous —*
I am not deaf,	*je ne suis pas sourd.*
The fly is dead,	*la mouche est morte.*
I have got a crust of bread,	*j'ai une croûte de pain.*

---

(1) Tous ces monosyllables en *ea* s'écartent de la règle générale, dont la prononciation est l'*i* français. (*Voyez le paragraphe* 10.)

Where have you been?	*où avez-vous été?*
Give me the thread,	*donnez-moi le fil.*
Do not touch me,	*ne me touchez pas.*
He is a young man,	*c'est un jeune homme.*
He has bad health,	*sa santé est mauvaise.*

CHAPITRE III.

SONS LONGS DES VOYELLES ET DES DIPHTHONGUES.

§ 9. *Les voyelles et les diphthongues* ai, ay, ei *et* ey, *comme* A *de* FATE.

(Voyez règles première et huitième. 4e. Partie.)

Cake,	*gâteau.*	Fate,	*sort.*	Page,	*page.*
Care,	*soin. souci.*	Haste,	*hâte.*	Late,	*tard.*
Gave,	*donnai.*	Made,	*fait.*	Take,	*prendre.*
Face,	*figure.*	Make,	*faire.*	Grape,	*raisin.*
Air,	*air.*	Gain,	*profit.*	Frail,	*faible.*
Fair,	*beau.*	Gray,	*gris.*	Snail,	*escargot.*
Hail,	*grêle.*	Hair,	*cheveux.*	They,	*ils, elles.*
Tail,	*queue.*	May,	*pouvoir.*	Their,	*leur.*
Rain,	*pleuvoir.*	Maid,	*fille.*	Break (1),	*briser.*
Vain,	*vain.*	Way,	*chemin.*	Great,	*grand.*
Clay,	*argile.*	Play,	*jouer.*	Wear,	*porter.*
Day,	*jour.*	Say,	*dire.*	Tear,	*déchirer.*
Hay,	*foin.*	Stay,	*demeurer.*	Pear,	*poire.*

EXERCICE.

It rains,	*il pleut.*
It hails,	*il grêle.*
Take care,	*prenez garde.*
Make haste,	*dépêchez-vous.*
It is a fair day,	*c'est un beau jour.*

(1) Ces derniers cinq mots s'écartent de la règle générale. (*Voyez le paragraphe suivant.*)

May I go?	*puis-je aller?*
Stay by me,	*restez près de moi.*
Let us play,	*jouons.*
Your hair is red,	*vos cheveux sont rouges.*
It is in vain to say so,	*c'est en vain que vous parlez ainsi.*
May we give. —	*pouvons-nous donner.* —
The air is damp,	*l'air est humide.*

---

§ 10. *Les voyelles et les diphthongues* ea, ee *et* ie, *comme* E *dans* ME.

(Voyez règles première et neuvième. 4e. Partie.)

Eve,	*veille.*	Clean,	*net.*	Feet,	*pieds.*
Ear,	*oreille.*	Mean,	*vouloir dire.*	Keep,	*garder.*
Eat,	*manger.*	Leave,	{ *quitter*, verbe. *permission*, subst. *congé*, subst.	Tree,	*arbre.*
East,	*est.*	Sheaf,	*gerbe.*	These,	*ceux-ci.*
Pea,	*pois.*	Shear,	*tondre.*	Week,	*semaine.*
Tea,	*thé.*	Speak,	*parler.*	Geese,	*oies.*
Dear,	*cher.*	Here,	*ici.*	Green,	*vert.*
Fear,	*crainte.*	Steal,	*voler.*	Sheep,	*mouton.*
Leaf,	*feuille.*	Wheat,	*blé.*	Sleep,	{ *sommeil*, subst. *dormir*, verb.
Neat,	*propre.*	Bee,	*abeille.*	Sweet,	*doux.*
She,	*elle.*	See,	*voir.*	Field,	*champ.*
Read (1),	*lire.*	Feed,	*donner à manger.*	Piece,	{ *pièce.* *morceau.*

EXERCICE.

The field is green,	*le champ est vert.*
Give me a piece of bread,	*donnez-moi un morceau de pain.*
Give me a cup of tea,	*donnez-moi une tasse de thé.*
Here is a bee,	*voici une abeille.*
Feed the geese,	*donnez à manger aux oies.*
Will you eat the grapes?	*voulez-vous manger les raisins?*
Read a page,	*lisez une page.*
I mean to see him,	*j'ai intention de le voir.*
Give me leave to speak to him,	*permettez-moi de lui parler.*
I shall see him in a week,	*je le verrai dans une semaine.*

---

(1) Ce verbe se prononce bref comme *red*, au prétérit et au participe passé. C'est un verbe irrégulier dont l'orthographe ne change pas.

§ 11. *Voyelles et diphthongues comme* I *dans le mot* LIKE.

(Voyez règle première et première exception de la règle 2e.)

Ice,	*glace.*	Rice,	*riz.*	Quite,	*tout à fait.*
Bite,	*mordre.*	Ripe,	*mûr.*	Spice,	*épice.*
Dine,	*dîner.*	Nice,	*délicat.*	Mild,	*doux.*
Fine,	*beau.*	Side,	*côté.*	Wild,	*sauvage.*
Fire,	*feu.*	Time,	*temps.*	Kind,	*honnête.*
Line,	*ligne.*	Wine,	*vin.*	Mind,	*esprit.*
Kite,	*cerf-volant.*	Wipe,	*essuyer.*	Blind,	*aveugle.*
Like,	{ *aimer*, verb. *pareille*, adj.	Shine,	*briller.*	Find;	*trouver.*
Mice,	*souris.*	Smile,	*sourir.*	Bind,	*lier.*

Die (1),	*mourir.*	Tie,	*attacher.*
Lie,	{ *coucher.* *mentir.*	Vie,	*faire à l'envi.*
Pie,	*pâté.*	Buy,	*acheter.*
Rye,	*seigle.*	Eye,	*œil.*

EXERCICE.

Give me a glass of wine,	*donnez-moi un verre de vin.*
I have seen a blind man,	*j'ai vu un aveugle.*
It is well to have a kind friend,	*il est bon d'avoir un ami généreux*
The sun shines,	*le soleil brille.*
It is a fine day,	*c'est un jour charmant.*
Bring me the wine,	*apportez-moi le vin.*
It is time to read,	*il est temps de lire.*
I like to read,	*j'aime à lire.*
I will read a page,	*je lirai une page.*
It is time to get up,	*il est temps de se lever.*
We must die,	*nous devons mourir.*
The fire is bad,	*le feu est mauvais.*
Do you not find it?	*ne le trouvez-vous pas ?*

---

§ 12. *Les voyelles et les diphthongues* oa *et* oe, *comme* O *dans le mot* NO.

(Voyez règles première et dixième, et les exceptions à la règle 2e.)

Old,	*vieux.*	Hope,	*espoir.*	Tone,	*ton.*
Cold,	*froid.*	Mole,	*taupe.*	Bone,	*os.*

---

(1) *IE*, à la fin des monosyllables, se prononce comme *i* long.

Gold,	*or.*	Most,	*le plus.*	Stone,	*pierre.*
Hold,	*tenir.*	Roll,	*petit pain.*	Smoke,	{ *fumer,* verb. / *fumée,* subst.
Home,	*chez soi.*	Rose,	*rose.*	Stroke,	*caresser avec la main.*
Coat,	*habit.*	Door,	*porte.*	Crow,	{ *chanter comme le coq.* / *corbeille,* subst.
Load,	{ *charge.* / *fardeau.*	Floor,	*plancher.*	Grow,	*croître*
Road,	*chemin.*	Low,	*bas.*	Show,	*montrer.*
Roar,	*rugir.*	Mow,	*faucher.*	Snow,	*neige.*
Cloak,	*manteau.*	Blow,	{ *souffler,* verb. / *coup,* subst.	Sew,	*coudre.*
Doe,	*daine* (f. du daim).	Foe,	*ennemi.*	Toe,	*doigt du pied.*

EXERCICE.

I like hot rolls,	*j'aime les petits pains chauds.*
She has a red cloak,	*elle a un manteau rouge.*
The rose is sweet,	*la rose est douce.*
A load of hay,	*une charge de foin.*
The road is bad,	*la route est mauvaise.*
Shut the door,	*fermez la porte.*
It is a cold day,	*il fait froid aujourd'hui.*
It snows fast,	*la neige tombe avec violence.*
Bring my coat,	*apportez mon habit.*
Let us go home,	*allons chez nous.*
I hope I see you well,	*j'espère que vous vous portez bien.*

---

§ 13. *Les voyelles et les diphthongues* eu, ew *et* ue, *comme* U *dans le mot* TUBE.

(Voyez règles première et onzième.)

Use (1),	{ *usage.* / *se servir,* verb. / *accoutumer.*	Lute,	*lute.*	Pure,	*pure.*
Cure,	*guérir.*	Mule,	*mule.*	Tube,	*tube.*
Duke,	*duc.*	Mute,	*muet.*	Tune,	*air à chanter.*
Due,	*dû.*	Few,	*peu.*	Flew,	{ *prétérit de* fly, *voler.*
Hue,	*teint.*	Mew,	*miauler.*	Slew,	{ *prétérit de* slay, *tuer.*
Blue,	*bleu.*	New,	*neuf.*	Lieu,	*lieu.*
Dew,	*rosée.*	Blew,	{ *prétérit de* blow, *souffler.*	View,	*vue.*

---

(1) Le mot *use*, comme substantif, se prononce comme il est écrit, comme verbe, l'*s* se prononce comme *z*.

EXERCICE.

Will you have a few pears?	*voulez-vous quelques poires?*
The sky is blue,	*le ciel est bleu.*
The new road,	*la nouvelle route.*
In a few weeks	*en peu de semaines.*
I hope to read well,	*j'espère bien lire.*
I will make the best use of my time,	*je ferai le meilleur usage de mon temps.*
He is made a duke,	*il est créé duc.*
The dew is on the grass,	*il y a de la rosée sur le gazon.*
The wind blew,	*le vent souffla.*

CHAPITRE IV.

SONS MOYENS DES VOYELLES ET DES DIPHTHONGUES.

(*Voyez règle troisième.*)

§ 14.

Comme **A** dans le mot **FAR**.

Are, Art,	*du verbe être.*	Card,	*carte.*	Large,	*grand.*
		Far,	*loin.*	Star,	*étoile.*
Bark,	*aboyer.*	Hard,	*dur.*	Part,	*partie.*
Dark,	*obscure.*	Harm,	*mal.*	Sharp,	*aigu.*
Cart,	*charrette.*	Lark,	*alouette.*	Smart,	*causer de la douleur.*
Aunt,	*tante.*	Heart,	*cœur.*	Hearth,	*foyer.*
Guard,	*garde.*	Haunt,	*hanter.*	Launch,	*lancer.*

Comme **O** dans le mot **MOVE**.

Lose,	*perdre.*	Tomb,	*tombeau.*	Whom,	*que.*
Move,	*mouvoir.*	Womb,	*sein.*	Whose,	*dont.*
Prove,	*prouver.*	Who,	*qui.*	Do,	*faire.*
Cool (1),	*frais.*	Book,	*livre.*	Soon,	*bientôt.*

(1) Voyez règle treizième.

Noon,	*midi.*	Cook,	*cuisinière.*	Shoot,	*pousser comme l'herbe.*
Poor,	*pauvre.*	Hook,	*hameçon.*		
Goose,	*oie.*	Look,	*regarder.*	Spoon,	*cuiller.*
Shoe,	*soulier.*	Took,	{ *prétérit de* take, *prendre.*	Stool,	*tabouret.*
You,	*vous.*	Moon,	*lune.*	True,	*vrai.*
Too,	*aussi.*	Root,	*racine.*	Fruit,	*fruit.*
Food,	*nourriture.*	Room,	*chambre.*		

Comme U dans le mot **PULL**.

Bush,	*buisson.*	Full,	*plein.*	Put,	*mettre.*
Push,	*pousser.*	Pull,	*tirer.*	Bull,	*taureau.*
Good,	*bon.*	Foot,	*pied.*	Wood,	*bois.*

EXERCICE.

I like good ripe fruit,	*j'aime un bon fruit mûr.*
The room is dark,	*la chambre est obscure.*
It is full moon,	*c'est la pleine lune.*
I have hurt my foot,	*je me suis fait mal au pied.*
I have lost my shoe,	*j'ai perdu mon soulier.*
Is it true?	*est-ce vrai?*
It is true.	*c'est vrai.*
Who told you so?	*qui vous l'a dit?*
Who said so?	*qui dit cela?*
Look at me,	*regardez-moi.*
Do not push me,	*ne me poussez pas.*
Why do you speak so?	*pourquoi parlez-vous ainsi?*
It is cool,	*il fait froid.*
Let the poor have good food,	*nourrissez bien les pauvres.*
Whose book is it?	*à qui est ce livre?*
I shall soon learn to spell,	*j'apprendrai bientôt à épeler.*
Put my book by,	*mettez de côté mon livre.*

CHAPITRE V.

SONS OUVERTS DES VOYELLES ET DES DIPHTHONGUES.

(*Voyez règles quatrième et douzième.*)

§ 15.

Comme **A** dans le mot **HALL**.

Ball,	*bal, balle.*	Tall,	*grand.*	Warm,	*chaud.*
Call,	*appeler.*	Wall,	*mur.*	False,	*faux.*
Fall,	*tomber.*	Salt,	*sel.*	Small,	*petit.*
Daub,	*barbouiller.*	Raw,	*cru.*	Shawl,	*schall.*
Fault,	*faute.*	Saw	{ *prétérit de see, voir.*	Straw,	*paille.*
Gauze,	*gaze.*	Draw,	*tirer.*	Broad,	*large.*
Paw,	*patte.*	Crawl,	*ramper.*	George,	*George.*

EXERCICE.

Give me the ball,	*donnez-moi la balle.*
Put your hat on,	*mettez votre chapeau.*
Put your ball by,	*remettez votre balle.*
She wears a straw hat,	*elle porte un chapeau de paille.*
He is a tall man,	*c'est un homme grand.*
Put on a shawl to keep you warm,	*mettez votre schall pour avoir chaud.*
The snow falls in great flakes,	*la neige tombe à gros flocons.*
My ball is lost,	*ma balle est perdue.*
Who calls me?	*qui m'appelle?*
How warm it is!	*comme c'est chaud!*
The meat is raw,	*la viande est crue.*
It is false,	*c'est faux.*

§ 16. *Exercice sur les diphthongues* oi, oy, ou *et* ow, *pour la prononciation, etc.*

(Voyez règles sixième et septième.)

OI et OY.

Oil,	*huile.*	Noise,	*bruit.*	Boy,	*garçon.*
Boil,	*bouillir.*	Spoil,	*gâter.*	Joy,	*joie.*
Moist,	*humide.*	Voice,	*voix.*	Toy,	*joujou.*

OU et OW.

Our,	*notre.*	Cloud,	*nuage.*	Ground,	*terre.*
Out,	*au dehors.*	Found,	{ *trouvé.* / *fonder.*	Cow,	*vache.*
Loud,	*haut.*	House,	*maison.*	How,	*comment.*
Shout,	*crier.*	Mouse,	*souris.*	Now,	*maintenant.*
Sour,	*aigre.*	Pound,	*livre.*	Owl,	*hibou.*
Flour,	*farine.*	Round,	*rond.*	Down,	*en bas.*
Thou,	*tu.*	Sound,	*son.*	Gown,	*robe.*

EXERCICE.

How do you do?	*comment vous portez-vous?*
Sit down,	*asseyez-vous.*
Read to me,	*lisez-moi.*
Do not make a noise,	*ne faites pas de bruit.*
Owls fly in the dark,	*les hiboux volent dans l'obscurité.*
Moles live in the ground,	*les taupes vivent sous terre.*
A pound of meat,	*une livre de viande.*
A child loves toys,	*un enfant aime les joujoux.*
Give me some oil,	*donnez-moi de l'huile.*
Shout as loud as you can,	*criez aussi haut que vous pouvez.*
This beer is quite sour,	*cette bière est tout à fait amère.*
Flour sells dear this year,	*la farine est chère cette année.*
I wish you joy,	*je vous souhaite du plaisir.*
He has built a new house,	*il a bâti une nouvelle maison.*
This tree is ten feet round,	*cet arbre a dix pieds de tour.*

CHAPITRE VI.

EXERCICE SUR LES SONS IRRÉGULIERS DES VOYELLES, SUIVANT LE TABLEAU.

(*Voyez* 4e. Partie, *règle cinquième.*)

§ 17.

A comme **O** bref.

Was, / Wast,	} *du verbe être.*	Wash,	*laver.*	Want,	*avoir besoin.*
		Wasp,	*guêpe.*	What,	*quoi.*

I (1) devant un **R** comme dans **EUR**, *HEURE.*

Dirt,	*boue.*	First,	*premier.*	Bird,	*oiseau.*
Shirt,	*chemise d'homme.*	Stir,	*remuer.*	Thirst,	*soif.*
Birth,	*naissance.*	Firm,	*ferme.*	Girl,	*fille.*
Mirth,	*gaieté.*	Gird,	*ceindre.*	Whirl,	*faire tourner.*

O comme **U** bref dans **SUM**, *SOMME.*

Come,	{ *venir.* *venu.*	Love,	*amour.*	Word,	*mot.*
Done,	*fait.*	None,	*aucun.*	Work,	*ouvrage.*
Dove,	*colombe.*	Some,	*quelque.*	Worm,	*ver.*
Glove,	*gant.*	Son,	*fils.*	World,	*monde.*

O comme **A** ouvert dans **HALL.**

Cord,	*corde.*	Horse,	*cheval.*	Horn,	*corne.*
Lord,	*un lord.*	Storm,	*orage.*	For,	*car, pour.*
Cork,	*bouchon.*	Born,	*né.*	Nor,	*ni.*
Fork,	*fourchette.*	Corn,	*blé.*	Short,	*bref.*

U comme **O** moyen dans **MOVE**, *MOUVOIR.*

Crude,	*cru.*	Rule,	*gouverner.*	Prune,	*pruneau.*
Rude,	*grossier.*	Brute,	*brute.*	Truce,	*trève.*

There (2), *là.* Where, *où.* Yes, *oui.* Her, *elle.*

EXERCICE.

Have you done your work?	*avez-vous fini votre tâche?*
Yes, I have,	*oui, elle est terminée.*
I have been ill,	*j'ai été malade.*
I am now in good health,	*je me porte bien maintenant.*
Come and see me,	*venez me voir.*
Give me some drink,	*donnez-moi quelque chose à boire.*
I love to learn,	*j'aime à apprendre*
Where is my book?	*où est mon livre?*

---

(1) On fait une petite différence entre la prononciation des six premiers et des six derniers mots. Le mot *Dirt* se prononce comme U bref, et le mot *Birth* comme E bref. Cependant, comme la différence de la prononciation est si peu sensible, je les ai placés tous sous le même mot, *heure.*

(2) *There* et *Where* se prononcent comme A dans FATE. *Yes* se prononce comme I bref, et *Her* comme EUR dans *heure.*

There it is,	*le voilà.*
What is this word?	*quel est ce mot?*
Where are my gloves?	*où sont mes gants?*
Give her some corn,	*donnez-lui du blé.*
What dirt you make!	*que vous êtes sale!*
Do you love her?	*l'aimez-vous?*
I was there for a short time,	*j'y fus pour peu de temps.*
Give me some cord,	*donnez-moi de la corde.*
I have none,	*je n'en ai pas.*
What have you done with it?	*qu'en avez-vous fait?*
The birth of a son gave her great joy,	*la naissance d'un fils lui a fait bien plaisir.*

CHAPITRE VII.

MOTS QUI RENFERMENT DES CONSONNES QUI NE SE PRONONCENT PAS.

(*Voyez règle vingt-neuvième, etc.*)

§ 18. *Dans ces mots, la voyelle et la diphthongue ont le son bref ou moyen.*

B muet.		Neck,	*cou.*	Half,	*moitié.*
Lamb,	*agneau.*	Pick,	*ramasser*	Calm,	*calme.*
Limb,	*membre.*	Sick,	*malade.*	Could,	*signes du temps, conditionnel. Ces trois mots expriment aussi pouvoir, vouloir, et devoir.*
Dumb,	*muet.*	Quick,	*vite.*	Should,	
Thumb,	*pouce.*	Cock,	*coq.*	Would,	
Crumb,	*mie.*	Clock,	*horloge.*	**W.**	
G.		Duck,	*canard.*	Wrap,	*envelopper.*
Gnat,	*cousin.*	Knit,	*tricoter.*	Wrist,	*poignet.*
Gnash,	*grincer.*	Knot,	*nœud.*	Wrong,	*tort.*
K.		Knock,	*frapper.*		
Back,	*dos.*	**L.**			
Black,	*noir.*	Calf (1),	*veau.*		

(1) *Calf, half, calm, could, should, would,* sont les seuls mots ici qui ont le son moyen, la voyelle, dans les trois premiers mots, se prononce comme A dans le mot PHARE.

EXERCICE.

What a fat calf!	*quel veau gras!*
What a hard knot!	*quel nœud difficile!*
Pick up the crumbs,	*ramassez les mies.*
Who knocks at the door?	*qui frappe à la porte?*
She should learn to knit and sew,	*elle devrait apprendre à tricoter et à coudre.*
The clock strikes,	*l'horloge sonne.*
The swan has a long neck,	*le cygne a un long cou.*
It is half past ten,	*il est dix heures et demie.*
He is quite deaf and dumb,	*il est tout à fait sourd et muet.*
I have hurt my wrist,	*je me suis blessé au poignet.*
He has cut his thumb,	*il s'est coupé le pouce.*
How black your hands are!	*comme vos mains sont noires!*
I have a pain in my back,	*j'ai une douleur au dos.*

§ 19. *Les voyelles et les diphthongues ayant le son long ou ouvert.*

	B muet.	Walk,	*marcher.*	Straight,	*tout droit.*
Climb[7],	*grimper.*	Stalk,	*tige.*	Caught[4],	*attrapé.*
Comb[9],	*peigne.*	Yolk[9],	*jaune d'œuf.*	Taught,	*enseigné.*
	G.		GH.	Bought,	*acheté.*
Sign[7],	*signe.*	High[7],	*haut.*	Ought,	*devoir.*
Reign[1],	*régner.*	Sigh,	*soupir.*	Thought,	*pensée.*
Gnaw[4],	*ronger.*	Bright,	*brillant.*	Bough[16],	*branche.*
	K.	Fight,	*se battre.*	Plough,	*charrue.*
Knife[7],	*couteau.*	Light,	*lumière.*	Though (1),	*quoique.*
Know[9],	*connaître.*	Might,	*pouvoir.*		W.
Knee,	*genou.*	Night,	*nuit.*	Write,	*écrire.*
Knead,	*pétrir.*	Sight,	*vue.*	Wrote,	*prétérit de* write, *écrire.*
	L.	Eight[1],	*huit.*	Sword,	*épée.*
Talk,	*parler.*	Neigh,	*hennir.*		

(1) *Though*, dans ce mot, UGH ne se prononce pas; il rime avec *no*.

EXERCICE.

I have a new comb,	*j'ai un peigne neuf.*
My knife is sharp,	*mon canif coupe bien.*
The wall is ten feet high,	*la muraille a dix pieds de haut.*
What a fine sight!.	*quelle belle vue!*
What a bright star!	*quelle étoile brillante!*
The dogs fight,	*les chiens combattent.*
Here is the stalk of a rose,	*voici la tige d'une rose.*
The ox ploughs the field,	*le bœuf laboure le champ.*
I can climb trees,	*je puis monter aux arbres.*
I know how to read,	*je sais lire.*
I wish I could write,	*je désirerais savoir écrire.*
Come, let us walk;	*allons, marchons.*
What o' clock is it?	*quelle heure est-il?*
It is eight o' clock,	*il est huit heures.*

CHAPITRE VIII.

CONSONNES SIMPLES ET DOUBLES QUI ONT DES SONS DIFFÉRENS.

§ 20. *Consonnes simples.*

C dur, comme K. (*Règle* 14ᵉ.)

Cash,	*argent comptant.*	Crab,	*cancre. pomme sauvage.*	Scar,	*cicatrice.*
Cane,	*canne.*	Cold,	*froid.*	Count,	*compter.*
Call,	*épeler.*	Cool,	*frais.*	Crown,	*écu, couronne.*

C doux, comme S.

Dance,	*danser.*	Since,	*depuis.*	Hence,	*d'ici.*
Pence,	*pluriel de penny, sou anglais.*	Prince,	*prince.*	Whence,	*d'où.*
Lace,	*dentelle.*	Nice,	*délicat.*	Piece,	*morceau.*
Place,	*endroit.*	Price,	*prix.*	Juice,	*jus.*
Race,	*race.*	Cease,	*cesser.*	Voice,	*voix.*

G dur. (*Règle* 16e.)

Glad, *bien-aise.*	Glass, *verre.*	Grand, *magnifique.*
Grind, *moudre.*	Grass, *herbe.*	Grunt, *grogner.*

G doux comme dans l'Alphabet.

Gem, *pierre précieuse.*	Age, *âge.*	Hedge, *haie.*

S fort. (*Règle* 18e.)

Sand, *sable.*	Dress, *s'habiller.*	Nurse, *nourrice.*
Send, *envoyer.*	Bricks, *briques.*	Purse, *bourse.*
Seed, *semence.*	Waste, *profusion.*	Seat, *siége.*
Side, *côté.*	Goose, *oie.*	Sweet, *doux.*
Haste, *hâte.*	Straw, *paille.*	Taste, *goûter.*

S comme Z.

His, *à lui.*	Birds, *oiseaux.*	Beds, *lits.*
Hers, *à elle.*	Doves, *colombes.*	Heads, *tête.*
Keys, *clefs.*	Hares, *lièvres.*	Praise, *louange.*
Tease, *tourmenter.*	Pears, *poires.*	Pease, *pois.*

EXERCICE.

He gave me a book,	*il me donna un livre.*
I am glad I can read it,	*je suis content de pouvoir le lire.*
Have you seen the prince?	*avez-vous vu le prince?*
Bricks are made of clay,	*les briques sont faites avec de la terre.*
Glass is made of sand,	*le verre est fait avec du sable.*
Wine is the juice of grapes,	*le vin est le jus des raisins.*
The grass is high,	*l'herbe est haute.*
I am glad of it,	*j'en suis bien-aise.*
It is cold,	*il fait froid.*
What is the price of this glass?	*quel est le prix de ce verre?*
Can you count from one to ten?	*pouvez-vous compter depuis un jusqu'à dix?*
One, two, three, four, five, six, seven, eight, nine, ten,	— *un, deux, trois, quatre, cinq, six, sept, huit, neuf, dix.*
Lace is dear,	*la dentelle est chère.*

Go and fetch my cane, *allez chercher ma canne.*
I am ten years of age, *j'ai dix ans.*
I am ten years old, *j'ai dix ans.*

---

§ 21. *Consonnes doubles.*

TH dur.

Thank,	*remercier.*	Thin,	*mince.*	Wealth,	*richesse.*
Think,	*penser.*	Breath,	*haleine.*	Cloth,	*drap.*
Thick,	*épais.*	Health,	*santé.*	Thing,	*chose.*
Three,	*trois.*	Throat,	*gorge.*	Mouth,	*bouche.*
Throne,	*trône.*	Tooth,	*dent.*	Month,	*mois.*
Throw,	*jeter.*	Teeth,	*dents.*	North,	*nord.*

TH doux.

Than,	*que.*	This,	*celui-ci.*	Them,	*eux.*
Then,	*alors.*	These,	*ceux-ci.*	Baths,	*bains.*
Thus,	*ainsi.*	That,	*celui-là.*	Paths,	*sentiers.*
They,	*ils.*	Those,	*ceux-là.*	Thine,	*le tien.*
Theirs,	*le, leur.*	Thy,	*ton, ta, tes.*	Smooth,	*uni.*

CH comme TCH. (*Règle* 22e.)

Charge,	*charge.*	Much,	*beaucoup.*	Rich,	*riche.*
Chin,	*menton.*	Such,	*tel.*	Which,	*lequel.*
Chair,	*chaise.*	Cheese,	*fromage.*	Peach,	*pèche.*
Child,	*enfant.*	Choice,	*choix.*		
Cheap,	*à bon marché.*	Coach,	*carrosse.*	Chief,	*chef.*

CH comme SH. (*Règle* 22e.)

Inch,	*pouce* (mesure).	Bunch,	*trousseau.*	French,	*Français.*
Chaise,	*chaise.*	Bench,	*banc.*	Pinch,	*pincer.*

CH comme K. (*Règle* 22e.)

Chasm,	*abîme.*	Scheme,	*plan.*	School,	*école.*

GH et PH comme F. (*Règles* 23e. *et* 24e.)

Rough,	*âpre.*	Cough,	*tousser.*	Phrase,	*phrase.*
Tough,	*dur.*	Laugh,	*rire.*	Nymph,	*nymphe.*

EXERCICE.

Clean your teeth,	*nettoyez vos dents.*
Wash your mouth, then your breath will be sweet,	*lavez-vous la bouche, et alors votre haleine sera pure.*
Do not throw stones,	*ne jetez pas des pierres.*
Come in,	*entrez.*
Reach a chair,	*prenez une chaise.*
Take some bread and cheese,	*prenez du pain et du fromage.*
Who gave you these pears?	*qui vous a donné ces poires?*
— Those men gave them to us,	*—Ces hommes nous les ont données.*
Thank them for them,	*remerciez-les.*
I have a fine peach and a bunch of grapes,	*j'ai une belle pêche et une grappe de raisin.*
I will give you some of them,	*je vous en donnerai.*
Do you learn french?	*apprenez-vous le français?*
What do you think of it?	*qu'en pensez-vous?*
The coach will reach here at three o' clock,	*la voiture viendra ici à trois heures.*
What school do you go to?	*à quelle école allez-vous?*

EXERCICE SUR LES MONOSYLLABES.

Run, time, mud, bad, ear, green, nut, hen, fin, sheep, day, care, man, tea, dear, ball, push, see, call, false, gain, took, war, dirt, oil, hair, steal, haste, made, sand, pearl, tub, great, young, snuff, must, sun, bag, thread, sung, band, dish, jump, shall, hay, pen, lamb, snuff, hart, may, limb, dumb, back, calf, walk, scourge, hill, black, rest, live, gain, tea, neck, half, then, fish, earth, day, dear, thumb, sick, stalk, mop, piece, west, will, drum, sigh, sash, nest, tread, could, eye, dust, death, leaf, calm, high, caught, rod, pot, sew, dull, plant, bag, bank, play, read, cap, should, view, frog, gone, blush, would, bright, fit, bell, you, mend, breath, east, quick, taught, hop, dog, wool, land, give, bless, fear, cat, burn, him, best, say, George, flesh, bread, face, page; clean, fight, bought, gown, left, ship, crumb, pig, damp, fresh, sting, ought, her, lost, brush, gnat, thought, pin, glad, desk, here, wrong, lent, cross, sleep, wrap, plough, rot, ice, sword, haste, fox, fit, have, send, spin, said, bite, please, strong, she, eat, though, write, dine, fine, nymph, sell, song, dress, wrote, leg, taught, sword, fire, phrase, hand, silk, drop, string, friend, been, build, praise, sweet, must, die, kind, lip, fast, sing, crust, write, spot, talk, lie, bit, take, like, mind, pie, would, dead, wrong, knee, did, tell, ring, spice, yes, stop, dim, night, sight, net, air, thigh, bug, down, deaf, guilt, mice, sad, smell, mild, beg, well, fond, broad, spell, fail, know, blind, rag, last, straight, eye, stood, dig, fair, hid, king, rain, see, nice, tie, goose, fill, bring, still, blood, rice, wise, shine, flew, guilt, dust, sign, ripe, sit, swine, fat, reign, crow, tree, knife, might, side, smile, quite, vie, knot, mug, vain, but, flood, feed, mark, field, keep, clock, climb, comb, bright, time, wine, old, use, are, room, sand, cloud, fork, thank, cold, bark, root, broad, cow, where, cane, stuck, gold, sound, yes, her, call, then, cloth, much, coat, aunt, spoon, trice, cool, cold, thy, such, road, fruit, daub, truce, thing, smooth, cheese, home, peer, part, rude, dance, clothes, reach, roll, do, soon, toy, creep, gem, three, inch, hope, hard, small, house, want, brute, bench, told, card, fall, boil, fume, sharp, prove, now, bone, flew, far, wall, salt, oil, what, how, was, grow, who, foot, joy, ground, corn, nor, storm, smoke, good, call, cure, bush, round, horn, snow, lark, move, cool, pull, wool, noise, thorn, mow, slew, harm, large, mule, shoe, moon, roar, poor, stood, warm, false, thou grass, shout, floor, call, out, there, dunce, which, few, star, lose, cloak, blew, heart, you, full, swarm, hence, flour, first, come, glove, some, firm, lace, dirt, love, work, none, cease, grand, mouth, shirt, stir, since, tricks, seat, waste, straw, cash, ling, purse, praise, breath, chin, rich, crum, scar, voice, hedge, throw, chair, chaise, count, coach, pinch, chasm, crown, glad, age, health, than, charge, laugh, sand, child, scheme, tough, phrase, spoon, dress, nurse, they, school, rough, nymph.

DEUXIÈME PARTIE.

MOTS FACILES DE DEUX SYLLABES, ETC. (1).

CHAPITRE PREMIER.

MOTS DE DEUX SYLLABES AVEC L'ACCENT SUR LA PREMIÈRE.

(*Voyez les règles sur l'accent*, 4e. Partie.)

§ 22. *Les deux syllabes brèves.*

Ab sent (2), *absent.*
Ac cent, *accent.*
Bad ness, *méchanceté.*
Flan nel, *flanelle.*
Gra vel, *gravier.*
Pack tread, *ficelle.*

Nap kin, *serviette.*
Ac tive, *actif.*
Bas ket, *panier.*
Blan ket, *couverture.*
Branch es, *branches.*
Cab bage, *chou.*
Pas sage, *passage.*
Stand ing, *l'action de se tenir debout.*

Rag ged, *en lambeaux.*

Mat ter, *matière.*
Af ter, *après.*
An ger, *colère.*
An swer, *réponse.*
Back wards, *en arrière.*
Chap ter, *chapitre.*
Ga ther, *cueillir.*
Lad der, *échelle.*
Ra ther, *plutôt.*

Plea sant, *agréable.*
Phea sant, *faisant.*
Break fast, *déjeûner.*

Bles sing, *bénédiction.*

(1) Les mots de deux syllabes sont arrangés sous chaque paragraphe en petites divisions indiquées par des chiffres. Dans chaque mot, les voyelles ou diphthongues des mots superposés ont exactement le même son dans les syllables correspondantes.

(2) Les mots figurés se rapportent à la table.

Cer tain, *certain.*
Hed ges, *haies.*
Learn ing, *érudition.*
Self ish, *intéressé.*
Ser vice, *service.*

Beg[6] gar[13], *mendiant.*
Bet ter, { *mieux.* *meilleur.* }
En ter, *entrer.*
E ver, *jamais.*
Fea ther, *plume.*
Le mon, *citron.*
Let ter, *lettre.*
Me lon, *melon.*
Pep per, *poivre.*
Sel dom, *rarement.*
Shep herd, *berger.*
Tem per, *humeur.*
Ten der, *tendre.*
Wea ther, *temps.*

Dis[3] tance[2], *distance.*
In fant, *enfant.*
In stant, *instant.*

Ill[8] ness[6], *maladie.*
In sect, *insecte.*
In step, *coude-pied.*
Chil dren, *enfans.*

Shil[8] ling[8], *scheling.*
Build ing *bâtiment.*
Ci vil, *poli.*
Chick en, *poulet.*
Fi nish, *finir.*
Kit chen, *cuisine.*
Li nen, { *linge.* *toile.* }
Mis chief, *méchanceté.*
Ti mid, *timide.*
Wick ed, *méchant.*

Bit[8] ter[13], *amer.*

Din ner, *dîner.*
Fin ger, *doit.*
Ri ver, *rivière.*
Scis sors, *ciseaux.*
Sil ver, *argent.*
Sis ter, *sœur.*
Whi ther, *où.*
Win ter, *hiver.*

Know[10] ledge[6], *connaissance.*
Non sense, *sottise.*
Ob ject, *objet.*

Bob[10] bin[8], *bobine.*
Bon net, *chapeau.*
Cot tage, *chaumière.*
O live, *olive.*
O range, *orange.*
Pro mise, *promesse.*
Quar rel, *querelle.*
Stock ings, *bas.*

Con[10] duct[13], *conduite.*
Blos som, *fleur d'arbre.*
Com mon, *commun.*
Doc tor, *docteur.*
Pro per, *convenable.*
Pros per, *réussir.*
Scho lar, { *savant.* *écolier.* }

Mus[13] lin[8], *mousseline.*
Cur tain, *rideau.*
No thing, *rien.*
Nurs es, *nourrices.*
Pu nish, *punir.*
Some thing *quelque chose.*
Tur nip, *navet.*
Wor ship, *culte.*

Mur[13] mur[13], *murmure.*
Bro ther, *frère.*
Co lour, *couleur.*

Com fort, *consolation.*	O ther, *autre.*
Fur ther, *plus loin.*	Suf fer, *souffrir.*
Hus band, *mari.*	Sum mer, *été.*
Mo ther, *mère.*	Sup per, *soupé.*
Num ber, *nombre.*	Thun der, *tonnerre.*

EXERCICE.

It is plea-sant wea-ther, *il fait un temps agréable.*
It is cold wea-ther, *il fait froid.*
The win-ter is cold, *l'hiver est froid.*
Li-nen is made of flax, *la toile est faite avec le chanvre.*
Do you like me-lons? *aimez-vous les melons?*
The cur-tains are made of mus-lin, *les rideaux sont de mousseline.*
I like sum-mer better than win-ter, *j'aime mieux l'été que l'hiver.*
The trees are in blos-som, *les arbres sont en fleur.*
I sel-dom go out af-ter din-ner, *je sors rarement après dîner.*
She is a ten-der mo-ther to her child-dren, *c'est une tendre mère pour ses enfans.*
My stock-ings are full of holes, *mes bas sont pleins de trous.*
It thun-ders, *il tonne.*
I go to bed an hour af-ter sup-per, *je me couche une heure après soûper.*
Your bro-ther and sis-ter are both here, *votre frère et votre sœur sont tous deux ici.*
Fetch me my bon-net, *allez me chercher mon chapeau.*
Fetch me the pep-per out of the kit-chen, *allez à la cuisine me chercher le poivre.*

§ 23. *Les deux syllabes longues.*

Ba by (1), *petit enfant.*	Hai ry, *velu.*
Dai ly, *journellement.*	Ha sty, *impatient.*
Dai ry, *laiterie.*	Gra vy, *jus.*
Fair ly, *de bonne foi.*	La dy, *dame.*

(1) Y final, précédé d'une consonne non accentuée, se prononce comme É français. Cependant Y se prononce comme I long lorsqu'il est précédé de F dans les verbes à l'infinitif. (*Voyez paragraphe* 39.)

Late ly, *dernièrement.*
La zy, *paresseux.*
Pa stry, *pâtisserie.*
Rai ny, *pluvieux.*
Safe ly, *en sûreté.*
Scarce ly, *à peine.*
Va ry, *varier.*

[1] Hail [9] stone, *grain de grêle.*
May pole, *un mai.*
Rain bow, *arc-en-ciel.*
Where fore, *pourquoi.*

[5] Clear ly, *clairement.*
Dear ly, *chèrement.*
Drea ry, *triste.*
Ea sy, *facile*
Fee bly, *faiblement.*
Gree dy, *avide. gourmand.*
Grea sy, *graisseux.*
Neat ly, *proprement.*
Nee dy, *indigent.*
Slee py, *avoir sommeil.*
Sweet ly, *d'une manière douce.*
Wea ry, *fatigué.*

[7] Kind ly, *honnêtement.*
Bright ly, *clairement.*
Fine ly, *bien.*

I vy, *lierre.*
Like ly, *vraisemblable.*
Live ly, *vif.*
Migh ty, *puissant.*
Spi cy, *aromatique.*

[9] Bo ny, *osseux.*
Glo ry, *gloire.*
Ho ly, *saint.*
Home ly, *manière simple de vivre.*
Low ly, *humble.*
Most ly, *ordinairement.*
No bly, *noblement.*
On ly, *seulement.*
Po ny, *bidet.*
Poul try, *volaille.*
Ro sy, *vermeil.*
Slow ly, *lentement.*
Smo ky, *qui fume.*
Sto ry, *conte, étage.*
Whol ly, *entièrement.*

[12] Beau ty, *beauté.*
Du ty, *devoir.*
Du ly, *dûment.*
Fu ry, *fureur.*
New ly, *nouvellement.*
Pure ly, *purement.*
Sure ly, *sûrement.*

EXERCICE.

The rainbow has fine colours,	*l'arc-en-ciel a de belles couleurs.*
It is a rai-ny day,	*c'est un temps pluvieux.*
I am ve-ry slee-py,	*je suis très endormi.*
It is ea-sy to do it,	*c'est aisé à faire.*
The la-dy who was late-ly here is my sister,	*la dame qui était dernièrement ici est ma sœur.*
How sweet-ly the birds sing!	*comme les oiseaux chantent mélodieusement!*
I have on-ly been there once,	*j'y ai été seulement une fois.*

He tells a good sto-ry,	*il raconte bien.*
I can scarce-ly hear you,	*je puis à peine vous entendre.*
It is like-ly you will soon do it,	*il y a apparence que vous le ferez bientôt.*

---

§ 24. *La première syllabe brève, la seconde longue.*

Al ley,	*allée.*
An gry,	*fâché.*
Car ry,	*apporter.*
Hap py,	*heureux.*
Mer[6] ry,	*gai.*
Cher ry,	*cerise.*
Ve ry,	*très.*
Ear ly,	*de bonne heure.*
Ma ny,	*plusieurs.*
En vy,	*envie.*
Plen ty,	*abondance.*
Hea vy,	*lourd.*
Rea dy,	*prêt.*
Mea dow,	*prairie.*
Yel low,	*jaune.*
Sil[8] ly,	*niais.*
Fil thy,	*sale.*
Pi ty,	*pitié. dommage.*
Pret ty,	*joli.*
Quick ly,	*vitement.*
Pil[8] low[9],	*oreiller.*
Prim rose,	*primevère.*
Wi dow,	*veuve.*
Win dow,	*fenêtre.*
Bo[10] dy,	*corps.*
Cof fee,	*café.*
Co py,	*copie.*
Sor ry,	*fâché.*
Bor[10] row[9],	*emprunter.*
Fol low,	*suivre.*
Hol low,	*creux.*
Swal low,	*hirondelle,* subst. *avaler,* verbe.
Dus[13] ky,	*obscur.*
Hun gry,	*affamé.*
Sul try,	*étouffant.*
Stu dy,	*étudier.*
Ug ly,	*laid.*
Ho ney,	*miel.*
Mo ney,	*argent.*
Mon key,	*singe.*
Coun try,	*campagne.*
Jour ney,	*voyage par terre.*

EXERCICE.

I am sor-ry to hear you have been ill,	*je suis fâché d'apprendre que vous avez été malade.*
Do you like coffee?	*aimez-vous le café?*
If you are hun-gry, why do you not eat,	*si vous avez faim, pourquoi ne mangez-vous pas?*
I am go-ing to the coun-try,	*je vais à la campagne.*

I will fol-low you in a few days,	*j'irai vous rejoindre sous peu de jours.*
Are you rea-dy to go out?	*êtes-vous prêt à sortir?*
Has any bo-dy seen him?	*quelqu'un l'a-t-il vu?*
Shut the win-dow,	*fermez la fenêtre.*
How sul-try it is!	*qu'il fait étouffant!*
How much mo-ney have you?	*combien avez-vous d'argent?*
I wish to bor-row a few pounds from you,	*je veux vous emprunter quelque argent.*
Bees make ho-ney,	*les abeilles font le miel.*
She is a ve-ry rich wi-dow,	*c'est une veuve très riche.*
She is ve-ry hap-py.	*elle est très heureuse.*

---

§ 25. *La première syllabe longue, la seconde brève.*

Blame[1] less[6],	*irréprochable.*
Care less,	*négligent.*
Pa rent,	*père ou mère.*
Pave ment,	*pavé, trottoir.*
Pa[1] per[13],	*papier.*
Dra per,	*marchand de draps.*
Fa vour,	*faveur.*
Neigh bour,	*voisin, voisine.*
Tai lor,	*tailleur.*
Feel[5] ing[8],	*sentiment.*
Be ing,	*étant.*
Creep ing,	*rampant.*
Hear ing,	*entendant.*
Freez es,	*il gèle.*
Glean ing,	*glanant.*
Mean ing,	*signification.*
Peel ing,	*pelant.*
Pier cing,	*perçant.*
Fe[5] ver[13],	*fièvre.*
Read er,	*lecteur.*
Reap er,	*moissonneur.*
Ei ther,	*l'un ou l'autre.*
Nei ther,	*ni l'un ni l'autre.*

Blind[7] ness[6],	*aveuglement.*
Bright ness,	*clarté.*
Kind ness,	*bonté.*
Qui et,	*tranquille.*
Si lent,	*silencieux.*
Li[7] on[13],	*lion.*
Bri er,	*ronce.*
Ti ger,	*tigre.*
Tire some,	*ennuyant.*
Wi ser,	*plus sage.*
Cro[9] cus[13],	*safran.*
Old er,	*plus âgé.*
O ver,	*sur.*
Whole some,	*sain.*
Glow worm,	*ver luisant.*
Hu[12] mour[13],	*humeur, esprit.*
Tu mour	*tumeur.*
Tu tor,	*précepteur.*
Mu[12] sic[8],	*musique.*
Fu el,	*chauffage.*
Gru el,	*gruau.*
Jew el,	*bijoux.*
Stu pid,	*stupide.*

EXERCICE.

Her conduct is blame-less,	*sa conduite est irréprochable.*
Why do you not walk up-on the pave-ment?	*pourquoi ne marchez-vous pas sur le trottoir?*
Do me that fa-vour,	*accordez-moi cette grace.*
He is wi-ser than she,	*il est plus sage qu'elle.*
My neigh-bour has a ve-ry fine house,	*mon voisin a une très belle maison.*
Has any-body been to see me to day?	*quelqu'un est-il venu me voir aujourd'hui?*
I have nei-ther seen nor heard him,	*je ne l'ai ni vu ni entendu.*
Tell the tai-lor to call at my house,	*dites au tailleur de venir chez moi.*
What is the mean-ing of that?	*que signifie cela?*
I am old-er than you are,	*je suis plus âgé que vous.*
How tire-some you are!	*comme vous êtes ennuyant!*
How hard it freez-es!	*comme il gèle fort!*
Lend me a sheet of pa-per, if you please,	*prêtez-moi une feuille de papier, s'il vous plaît.*
He has got a fe-ver,	*il a la fièvre.*
How care-less you are,	*que vous avez peu de soin!*

---

§ 26. *Sons moyens des voyelles et des diphthongues.*

LA SECONDE SYLLABE BRÈVE.

Art[3] less[6],	*simple.*
Dark ness,	*obscurité.*
Harm less,	*innocent.*
Har vest,	*moisson.*
Scar let,	*écarlat.*
Charm[3] ing[8],	*charmant.*
Car pet,	*tapis.*
Far thing,	*valeur de deux liards.*
Mar ket,	*marché.*
Par tridge,	*perdrix.*
Spark ling,	*pétillant.*
Fa[3] ther[13],	*père.*
Gar ter,	*jarretière.*
Lar ger,	*plus grand.*
Mas ter,	*maître.*
Par lour,	*salon.*
Fool[11] ish[8],	*sot.*
Bloom ing,	*fleurissant.*
Choos es,	*il choisit.*
Do ing,	*faisant.*
Cru el,	*cruel.*

LA SECONDE SYLLABE LONGUE.

[8] Ar my,	*armée.*
Bar ley,	*orge.*
Par sley,	*persil.*
Part ly,	*en partie.*
[11] Gloo my,	*sombre.*
Roo my,	*spacieux.*
Smooth ly,	*uniment.*
Rude ly,	*grossièrement.*
[14] Ful ly,	*entièrement.*
Woo dy,	*boiseux.*
Wool ly,	*laineux.*

EXERCICE.

Where is your fa–ther?	*où est votre père?*
He is at pre–sent in the ar–my,	*il est actuellement à l'armée.*
What are you do–ing?	*que faites–vous?*
I am wri–ting a letter to my mas–ter,	*j'écris une lettre à mon maître.*
How cru–el you are!	*que vous êtes cruel!*
Will you go with me to mar–ket?	*voulez–vous aller au marché avec moi?*
Give me my gar–ters,	*donnez–moi mes jarretières.*
Your fa–ther is just come in,	*votre père vient d'entrer.*
This room is lar–ger than the one I late–ly hi–red,	*cette chambre est plus grande que celle que j'ai louée dernièrement.*
Fetch me a book out of the par–lour,	*allez me chercher un livre hors du salon.*
Is the par–lour car–pet down?	*le tapis du salon est–il mis?*
How art–less she is!	*comme elle est simple!*
Do you like scar–let beans?	*aimez–vous des haricots?*

§ 27. *Sons ouverts des voyelles et des diphthongues* (1).

LA SECONDE SYLLABE BRÈVE.

[4] Wal [13] nut,	*noix.*
Au tumn,	*automne.*
Daugh ter,	*fille.*
Draw er,	*tiroir.*

(1) Les voyelles et les diphthongues sont nommées *ouvertes* lorsqu'elles prennent le son de A ouvert (*quatrième son du tableau*), ou qu'elles sont proprement diphthongues.

Hal ter,	*licou.*	Foun tain,	*fontaine.*
Sau cer,	*soucoupe.*	Moun tain,	*montagne.*
Wa ter,	*eau.*	Tow el,	*serviette.*
Warm er,	*plus chaud.*	Coun[16] ter[13],	*comptoir.*
Or der,	*ordre.*	Flow er,	*fleur.*
Or chard,	*verger.*	Show er,	*ondée.*
Cow[16] slip[8],	*primevère.*	Cow ard,	*lâche.*

LA SECONDE SYLLABE LONGUE.

Gau[4] dy,	*extravagant.*	Stor my,	*orageux.*
Haugh ty,	*hautain, fier.*	Boun[16] ty,	*libéralité.*
Naugh ty,	*méchant.*	Clou dy,	*couvert de nuages.*
For ty,	*quarante.*	Drow sy,	*assoupi.*
Lord ly,	*magnifique.*	Proud ly,	*fièrement.*

EXERCICE.

The wal-nuts are ripe,	*les noix sont mûres.*
How sweet the flow-ers smell!	*comme les fleurs sentent bon!*
It rains. — It is but a show-er,	*il pleut. — Ce n'est qu'une ondée.*
Put my coat in-to the draw-er,	*mettez mon habit dans le tiroir.*
I am for-ty years old,	*j'ai quarante ans.*
I am ve-ry drow-sy,	*je suis très assoupi.*
Bring me the tow-el,	*apportez-moi la serviette.*
It is warm-er now than it was this morn-ing,	*il fait plus chaud maintenant qu'il ne faisait ce matin.*
Where is your cup and sau-cer?	*où sont votre tasse et votre soucoupe?*
Give me some hot wa-ter,	*donnez-moi de l'eau chaude.*
How old is your daugh-ter?	*quel âge a votre fille?*
She is ve-ry haugh-ty.	*elle est très fière.*

§ 28. *Mots où la voyelle de la dernière syllabe est muette, ou dont le son est peu sensible.*

LA PREMIÈRE VOYELLE BRÈVE.

[1] Ap ple (1),	*pomme.*
Hap pen,	*arriver.*
An cle,	*cheville de pied.*
Can dle,	*chandelle.*
Daz zle,	*éblouir.*
Han dle,	*manier.*
Fas ten (2),	*attacher.*
[6] Gen tle,	*doux.*
Les son,	*leçon.*
Med dle,	*se mêler.*
Per son,	*personne.*
Hea ven,	*ciel.*
Rec kon,	*compter.*
[8] Lit tle,	*petit.*
Kin dle,	*allumer.*
Gi ven,	*donné.*
Lis ten (2),	*écouter.*
Pri son,	*prison.*
Mid dle,	*milieu.*
Sin gle,	*seul.*
Whis tle (2),	*siffler.*
[10] Bot tle,	*bouteille.*
Cot ton,	*coton.*
Oft en (2),	*souvent.*
Soft en,	*adoucir.*
[13] Buc kle,	*boucle.*
Bun dle,	*paquet.*
Dou ble,	*double.*
Do zen,	*douzaine.*
Pur ple,	*pourpre.*
Sho vel,	*pelle.*
Trou ble,	*peine.*

LA PREMIÈRE VOYELLE LONGUE.

[1] A ble,	*capable.*
Ba sin,	*bol.*
Cra dle,	*berceau.*
Fa ble,	*fable.*
Ma son,	*maçon.*
Ta ken,	*pris.*
Rai sin,	*raisin sec.*
Ta ble,	*table.*
[5] Nee dle,	*aiguille.*
Ea gle,	*aigle.*
E ven,	*uni.*
E vil,	*mal.*
Peo ple,	*peuple.*
Sea son,	*saison.*
Rea son,	*raison.*
[7] Bi ble,	*bible.*
Bri dle,	*bride.*
Fright en,	*faire peur.*
Light en,	*éclairer.*
Ri pen,	*mûrir.*
I dle,	*paresseux.*
[9] No ble,	*noble.*
Bro ken,	*cassé.*
Cho sen,	*choisi.*
Fro zen,	*gelé.*
O pen,	*ouvrir.*

(1) Voyez règle 25.
(2) Voyez règle 39.

EXERCICE.

Give me an ap-ple,	*donnez-moi une pomme.*
Snuff the can-dle,	*mouchez la chandelle.*
If you hap-pen to see your bro-ther, tell him I wish to see him,	*s'il vous arrive de voir votre frère, dites-lui que je désire le voir.*
She has ta-ken away the ta-ble,	*elle a ôté la table.*
Send me a do-zen bot-tles of wine,	*envoyez-moi une douzaine de bouteilles de vin.*
The ri-ver is fro-zen o-ver,	*la rivière est gelée.*
The ice is bro-ken,	*la glace est brisée.*
Do not fright-en me,	*ne m'effrayez pas.*
See how it light-ens,	*voyez comme il éclaire.*
Can you say your les-son?	*pouvez-vous réciter votre leçon?*
Go to the sta-ble and put the bri-dle on the horse,	*allez à l'écurie, et bridez le cheval.*
I am not a-ble to do it,	*je ne suis pas capable de le faire.*
Do not give your-self so much trou-ble,	*ne vous donnez pas tant de peine.*

CHAPITRE II.

MOTS DE DEUX SYLLABES AVEC L'ACCENT SUR LA DERNIÈRE.

(*Voyez les règles sur l'accent*, 4e. Partie.)

§ 29. *Les deux syllabes brèves.*

At[2] tend[6],	*attendre.*
At tempt,	*essayer.*
La ment,	*lamenter.*
A gain,	*encore.*
A gainst,	*contre.*
Ab[2] surd[13],	*absurde.*
Af front,	*affront.*
A mong,	*parmi.*
Ex[5] cel[6],	*exceller.*
Ex pect,	*attendre.*
Neg lect,	*négliger.*
Them selves,	*eux-mêmes.*
Dis[8] tress[6],	*détresse.*
Him self,	*lui-même.*
In tend,	*être dans le dessein.*
Dis[6] turb[13],	*troubler.*

In struct, *instruire.*

Con[10] fess[6], *avouer.*

Con sent, *consentir.*

Con tent, *contenter.*

Pos sess, *posséder.*

Sub[13] mit[8], *soumettre.*

Un til, *jusqu'à.*

EXERCICE.

Try to ex-cel others in learn-ing,	*tâchez de surpasser les autres en connaissances.*
At-tend to what your mas-ter says,	*écoutez ce que dit votre maître.*
Do not dis-turb me,	*ne me troublez pas.*
Do not af-front us,	*ne nous insultez pas.*
Be con-tent with what you have,	*contentez-vous de ce que vous avez.*
I ex-pect to see my bro-ther to-day,	*je m'attends à voir mon frère aujourd'hui.*
He will ne-ver con-sent to it,	*il n'y consentira jamais.*
They have brought dis-tress up-on them-selves,	*ils se sont attiré leurs propres malheurs.*

---

§ 30. *Les deux syllabes longues.*

Be[5] have[1], *se conduire.*

De clare, *déclarer.*

Pre pare, *préparer.*

Re late, *raconter.*

De lay, *différer.*

Re main, *rester.*

Se[5] rene[5], *serein.*

Se vere, *sévère.*

Be lieve, *croire.*

Be tween, *entre.*

De ceive, *tromper.*

Re ceive, *recevoir.*

Re peat, *répéter.*

Be[5] hind[7], *derrière.*

Be side, *outre.*

De light, *se plaire.*

Di vide, *diviser.*

De ny, *nier.*

De sign, *désigner.*

De sire, *désirer.*

Re mind, *faire souvenir.*

Re quire, *exiger.*

Be[5] fore[9], *avant.*

Be low, *en bas.*

Re pose, *repos.*

Re store, *rendre.*

Mo[9] rose[9], *bourru.*

Pro pose, *proposer.*

Pro voke, *provoquer.*

De[5] mure[11], *grave.*

Pre sume, *présumer.*

Re fuse, *refuser.*

EXERCICE.

Think be-fore you speak,	*pensez avant de parler.*
Re-peat your les-son,	*répétez votre leçon.*
De-ceive no one,	*ne trompez personne.*
How se-rene the night is!	*comme la nuit est pure!*
Do not de-ny me so small a kind-ness,	*ne me refusez pas cette grace légère.*
I be-lieve he will come in a day or two,	*je pense qu'il viendra dans un ou deux jours.*
I will go out be-fore you,	*je sortirai avant vous.*
He is be-hind the door,	*il est derrière la porte.*
Re-main where you are un-til I de-sire you to leave,	*restez où vous êtes jusqu'à ce que je vous dise de quitter votre place.*

---

§ 31. *La première syllabe brève, la seconde longue.*

A[2] wake[1],	*s'éveiller.*	Dis[8] grace[1],	*disgrace.*
Ac quaint,	*informer.*	Mis take,	*méprise.*
A fraid,	*qui a peur.*	Dis dain,	*dédain.*
A way,	*au loin.*	Mis laid,	*déplacé.*
Ad[2] mire[7],	*admirer.*	Dis[8] creet[5],	*discret.*
A live,	*vivant.*	Dis please,	*déplaire.*
A rise,	*se lever.*	In deed,	*en vérité.*
Ar rive,	*arriver.*	Sin cere,	*sincère.*
Man kind,	*le genre humain.*	Dis[8] like[7],	*dégoût.*
A[2] dore[9],	*adorer.*	Dis guise,	*déguiser.*
A go,	*du verbe* go.	In cline,	*incliner.*
Af ford,	*donner.*	In quire,	*demander.*
A lone,	*seul.*	In vite,	*inviter.*
A[2] buse[13],	*abuser de.*	Un[13] kind[7],	*désobligeant.*
Ac cuse,	*accuser.*	Un ripe,	*pas mûr.*
A muse,	*amuser.*	Un tie,	*détacher.*
Tra duce,	*calomnier.*	Sur prise,	*surprendre.*
Em[6] brace[1],	*embrasser.*	Sup[13] pose[9],	*supposer.*
Ex plain,	*expliquer.*	Sup port,	*supporter.*
Main tain,	*maintenir.*	Un bolt,	*dévérrouiller.*
Per suade,	*persuader.*	Un known,	*inconnu.*

EXERCICE.

Un-ripe fruit is not whole-some,	*un fruit vert n'est pas sain.*
A-wake, it is time to get up,	*éveillez-vous, il est temps de se lever.*
Go a-way now, but come a-gain soon,	*partez maintenant, mais revenez bientôt.*
Be sin-cere in all you say or do,	*soyez sincère dans toutes vos paroles et vos actions.*
You can-not per-suade me to do that,	*vous ne pouvez me persuader de le faire.*
I can-not af-ford it,	*je ne puis le donner.*
In-deed! you are then ve-ry poor,	*en vérité! en ce cas, vous êtes bien pauvre.*
I am a-fraid to go there a-lone,	*j'ai peur d'y aller seul.*

---

§ 32. *La première syllabe longue, la seconde brève.*

De[5] camp[2],	*décamper.*
Re past,	*repas.*
De[5] fend[6],	*défendre.*
De pend,	*dépendre.*
De serve,	*mériter.*
Di rect,	*diriger.*
Di vert,	*amuser.*
Pre fer,	*préférer.*
Pre serve,	*préserver.*
Pre tend,	*prétendre.*
Pre vent,	*empêcher.*
Re gret,	*regretter.*
Re spect,	*respecter.*
Re quest,	*prier.*
Be[5] gin[8],	*commencer.*
De sist,	*désister.*
Re sist,	*résister.*
Re build,	*rebâtir.*
Be[5] long[10],	*appartenir.*
Be yond,	*au delà.*
Re solve,	*résoudre.*
Re[5] turn[13],	*retourner.*
Be come,	*devenir.*
E nough,	*assez.*
Fo[9] ment[6],	*fomenter.*
Fore tell,	*prédire.*
Pro fess,	*professer.*
Pro tect,	*protéger.*

EXERCICE.

We must re-turn it to him,	*nous devons le lui rendre.*
I res-pect and love him,	*je le respecte et l'aime.*
To whom does this book be-long?	*à qui appartient ce livre?*

Re-quest him to dé-sist from do-ing it,	*priez-le de ne pas le faire.*
I will pre-vent him from doing it,	*je l'empêcherai bien de le faire.*
I am go-ing to di-rect my let-ter,	*je vais lui adresser ma lettre.*
Do you pre-fer red or white wine,	*lequel préférez-vous, le vin rouge ou le vin blanc ?*
I shall re-turn home to-night,	*je reviendrai chez moi ce soir.*
You have done e-nough,	*vous avez assez fait.*

---

§ 33. *Sons moyens des voyelles et des diphthongues.*

LA PREMIÈRE SYLLABE BRÈVE.

A[2] larm[3],	*alarmer.*	Bal loon,	*ballon.*
A part,	*à part.*	Dis[8] prove[11],	*réfuter.*
Dis[8] arm[3],	*désarmer.*	Im prove,	*faire des progrès.*
Dis card,	*congédier.*	In trude,	*s'introduire.*
Em[6] bark[3],	*embarquer.*	Buf[13] foon[11],	*bouffon.*
En large,	*agrandir.*	Un do,	*défaire.*
Ap[2] prove[11],	*approuver.*	Un truth,	*fausseté.*

LA PREMIÈRE SYLLABE LONGUE.

De[5] part[3],	*partir.*	Re mark,	*remarque.*
Be calm,	*calmer.*	Re move[11],	*déménager. ôter.*
Re gard,	*regarder.*	Re prove	*reprendre.*

EXERCICE.

This work is ill done,	*cet ouvrage est mal fait,*
Un-do it,	*défaites-le.*
I will try to im-prove,	*j'essaierai de faire des progrès.*
I shall de-part in two or three days,	*je partirai dans deux ou trois jours.*
Have you e-ver seen a bal-loon as-cend ?	*avez-vous jamais vu l'ascension d'un ballon?*
I shall em-bark to-day for Lon-don,	*je m'embarquerai aujourd'hui pour Londres.*
I am go-ing to re-move,	*je vais déménager.*
Re-move the ta ble cloth,	*ôtez la nappe de dessus la table.*

The re-mark which you have made is ve-ry just,	*la remarque que vous avez faite est très juste.*
He does not regard what I say to him,	*il ne fait pas attention à ce que je lui dis.*

---

§ 34. *Sons ouverts des voyelles et des diphthongues.*

LA PREMIÈRE SYLLABE BRÈVE.

A[2] dorn[4],	*orner.*	A noint[15],	*oindre.*
Ab hor,	*abhorrer.*	Ap point,	*nommer.*
A broad,	*dehors.*	A void,	*éviter.*
Ap plaud,	*applaudir.*	A bout[15],	*environ.*
Ex[6] hort,	*exhorter.*	Ac counts,	*comptes. détails.*
Ex tort,	*extorquer.*	A loud,	*haut.*
Per form,	*faire.*	Al low,	*permettre.*
In[8] form,	*informer.*	A round,	*autour.*
Mis call,	*se tromper.*	En joy[15],	*jouir.*
With draw,	*se retirer.*	Em ploy,	*employer.*

LA SECONDE SYLLABE LONGUE.

Be[5] cause[4],	*parce que.*	Re joice,	*réjouir.*
De fraud,	*fourber.*	Re join,	*rejoindre.*
De form,	*défigurer.*	De vour[16],	*dévorer.*
Re call,	*rappeler.*	De vout,	*dévot.*
Re ward,	*récompenser.*	Re nounce,	*renoncer.*
De coy[15],	*leurrer.*	Re nown,	*renommée.*
De stroy,	*détruire.*	Re sound,	*retentir.*

EXERCICE.

Shall we go a-broad to day?	*sortirons-nous aujourd'hui?*
Read a-loud, but not too loud,	*lisez haut, mais pas trop haut.*
Take care to a-void a sing-ing tone,	*évitez de chanter en lisant.*
Do not mis-call the words,	*ne vous trompez pas sur les mots.*
In-form me of what he has said to you,	*informez-moi de ce qu'il vous a dit.*
Do you en-joy good health?	*jouissez-vous d'une bonne santé?*

I will al-low you to re-ward him, if he me-rit it?	*je vous permets de le récompenser, s'il le mérite.*
It is a-bout six weeks since I saw him,	*il y a environ six semaines que je ne l'ai vu.*
She is ve-ry de-vout,	*elle est très dévote.*
Send in my ac-count and I will pay you,	*envoyez-moi mon compte, et je vous paierai.*
I am sor-ry to hear such bad ac-counts of your health,	*je suis fâché d'apprendre d'aussi mauvais détails sur l'état de votre santé.*

CHAPITRE III.

TERMINAISONS DES MOTS (1).

§ 35. *Terminaisons des mots avec l'accent sur la première syllabe.*

LA PREMIÈRE SYLLABE BRÈVE.

Ac tu ate (2),	*faire agir.*	Mix ture,	*mélange.*
Fluc tu ate,	*être en suspens.*	Pas ture,	*pâture.*
For tu nate,	*heureux.*	Pic ture,	*tableau.*
Sa tu rate,	*rassasier.*	Pos ture,	*posture.*
Ac tu al,	*actuel.*	Tor ture,	*question. torture.*
Ri tu al,	*rituel.*	Ven ture,	*hasarder.*
Cap ture,	*capture.*	Cap tain,	*capitaine.*
Cul ture,	*culture.*	Cer tain,	*certain.*
Fac ture,	*facture.*	Chap lain,	*chapelain.*
Frac ture,	*fracture.*	Chil blains (3),	*engelure.*

(1) Ces terminaisons se prononcent de la manière suivante:

Ture	comme	*Tcheur.*	
Ain	....	*Inne.*	(Voyez règle 8e., exception.)
Sure et Zure	....	*Jeur.*	(Voyez règle 18e.)
Age	....	*Idge.*	(Voyez règle 1re., exception.)
Ous	....	*Euss.*	
Ard	....	*Eurd.*	
Geon, Gion	....	*Djeunne.*	

(2) Voyez règle 19e., 4e. Partie.

(3) *Chilblains* excepté, qui est un mot composé.

Cur tain,	*rideau.*	Mar riage (1),	*mariage.*
Vil lain,	*scélérat.*	Sa vage,	*sauvage.*
Mea sure,	*mesure.*	Pas sage,	*passage.*
Plea sure,	*plaisir.*	Pil lage,	*pillage.*
Trea sure,	*trésor.*	Til lage,	*labourage.*
Cab bage,	*chou.*	Vi sage,	*visage.*
Car riage (1),	*voiture.*	Jea lous,	*jaloux.*
Cot tage,	*cabane.*	Pom pous,	*pompeux.*
Cou rage,	*courage.*	Cus tard,	*gâteau à la crême.*
Da mage,	*dommage.*	Drunk ard,	*ivrogne.*
Her bage,	*herbage.*	Mus tard,	*moutarde.*
I mage,	*image.*	Blud geon,	*gros bâton.*
Lan guage,	*langage.*	For tune,	*fortune.*
Ma nage,	*ménage.*	Vir tue,	*vertu.*

LA PREMIÈRE SYLLABE LONGUE.

Mu tu al,	*mutuel.*	A zure,	*azur.*
Crea ture,	*créature.*	Do tage,	*radotage.*
Fu ture,	*futur.*	Joy ous,	*joyeux.*
Fea ture,	*trait.*	Pi ous,	*pieux.*
Na ture,	*nature.*	Ni trous,	*nitreux.*
Foun tain,	*fontaine.*	Vi nous,	*vineux.*
Moun tain,	*montagne.*	Do tard,	*radoteur.*
Lei sure,	*loisir.*	Le gion,	*légion.*
Ra sure,	*rature.*		

EXERCICE.

The tai-lor is go-ing to mea-sure me for a new coat,	*le tailleur va prendre ma mesure pour un habit neuf.*
I have not lei-sure to do it to-day, but I will do it at some fu-ture time,	*je n'ai pas le loisir de le faire aujourd'hui, mais je le ferai dans quelque temps d'ici.*
There are a great ma-ny foun-tains in Paris,	*il y a un grand nombre de fontaines à Paris.*
If you will come and see me to-morrow, you will af-ford me great plea-sure,	*si vous voulez venir me voir demain, vous me ferez grand plaisir.*

(1) Voyez règle 25e.

Close the bed cur–tains ;	*fermez les rideaux du lit.*
That woman is ve–ry pi–ous,	*cette femme est très pieuse.*
The Lou–vre con–tains some ve–ry fine pic–tures,	*le Louvre contient de très beaux tableaux.*
He was for a long time chap–lain to the bri–tish em–bas–sy,	*il fut long-temps chapelain de l'ambassade anglaise.*
That moun–tain is so high, that it is al–ways co–ver–ed with snow,	*cette montagne est si haute, qu'elle est presque toujours couverte de neige.*
He was put to the tor–ture to force him to con–fess his crime,	*on le mit à la question pour lui faire avouer son crime.*
I have the chil–blains in my hands and feet,	*j'ai des engelures aux mains et aux pieds.*
She has a new car–ri–age,	*elle a une voiture neuve.*
I was pre–sent at his daugh–ter's mar–ri–age,	*j'ai assisté au mariage de sa fille.*
He is the ve–ry i–mage of his fa–ther,	*c'est la ressemblance parfaite de son père.*

§ 36. *Mots qui terminent en* ED (1).

MOTS QUI SE PRONONCENT COMME UNE SYLLABE.

D ayant le son ordinaire.

Beg[6] ged,	*demandé.*	Sav ed,	*sauvé.*
Swell ed,	*enflé.*	Call[4], ed,	*appelé.*
Kill[8] ed,	*tué.*	Warm ed,	*chauffé.*
Liv ed,	*vécu.*	Form ed,	*formé.*
Mov[11] ed,	*ému.*	Pleas[5] ed,	*plu.*
Prov ed,	*prouvé.*	Seal ed,	*cacheté.*
Crown[16] ed,	*couronné.*	Seem ed,	*semblé.*
Drown ed,	*noyé.*	Ti[7] red,	*fatigué.*
Lov[13] ed,	*aimé.*	Show[9] ed,	*montré.*
Pray[1] ed,	*prié.*	U[12] sed,	*usé. accoutumé.*

(1) Tous ces mots sont le prétérit et le participe passé d'un verbe régulier.

D ayant le son d'un **T** après **C, K, S, X, SH.**

Ask ed,	*demandé.*	Drop ped,	*tombé.*
Dress ed,	*habillé.*	Work[13] ed,	*travaillé.*
Press ed,	*pressé.*	Pla[1] ced,	*placé.*
Fix ed,	*fixé.*	Talk[4] ed,	*parlé.*
Mix ed,	*mêlé.*	Reach[5] ed,	*gagné.*
Miss ed,	*manqué.*		
Wish ed,	*désiré.*		

MOTS QUI SE PRONONCENT COMME DEUX SYLLABES (1).

Dread[6] ed,	*redouté.*	Wast[1] ed,	*ravagé.*
Mend ed,	*raccommodé.*	Feast[5] ed,	*festoyé.*
Tempt ed,	*tenté.*	Seat ed,	*assis.*
Gild ed,	*doré.*	Treat ed,	*traité.*
Last ed,	*duré.*	Load[9] ed,	*chargé.*
Part ed,	*parti.*	Count[16] ed,	*compté.*
Sha[1] ded,	*ombragé.*	Shout ed,	*crié.*
Ha ted,	*haï.*	Want[10] ed,	*manqué.*
Tast ed,	*goûté.*		
Wait[1] ed,	*attendu.*		

EXERCICE.

You have work-ed hard to-day,	*vous avez bien travaillé aujourd'hui.*
I am ve-ry much ti-red,	*je suis très fatigué.*
We count-ed more than a dozen,	*nous en avons compté plus d'une douzaine.*
We were all much pleas-ed with them,	*nous en fûmes très contens.*
I am pleas-ed you are come, for I wish-ed very much to see you,	*je suis enchanté de votre arrivée; car je désirais beaucoup vous voir.*
The king of France was crown-ed at Reims,	*le roi de France fut couronné à Reims.*

(1) Voyez la règle 25e. (4e. Partie), pour savoir quand on doit prononcer l'ED comme une syllabe distincte, et quand on ne le doit pas.

We reach-ed home late at night af-ter hav-ing feast-ed all day,	*nous arrivâmes chez nous fort tard, après avoir fait bonne chère tout le jour.*
As we part-ed he ask-ed me if I had call-ed up-on you,	*quand nous partîmes, il me demanda si j'avais passé chez vous.*
I have liv-ed a long time in Paris,	*il y a long-temps que je demeure à Paris.*
He fell off his horse, and was kill-ed,	*il tomba de cheval et se tua.*
Your leg is ve-ry much swell ed,	*votre jambe est très enflée.*
I am ti-red of read-ing,	*je suis fatigué de lire.*
The play last-ed un-til ten (1),	*la pièce dura jusqu'à dix heures.*

CHAPITRE IV.

MOTS DE TROIS SYLLABES QUI SE PRONONCENT COMME DEUX.

§ 37. *Mots de trois syllabes qui se terminent en* TION, *etc., prononcés comme deux, avec l'accent sur la première* (2).

LA SYLLABE ACCENTUÉE BRÈVE.

Ac ti on,	*action.*	Con sci ous,	*sensible.*
Cap ti ous,	*captieux.*	Fac ti ous,	*factieux.*
Con sci ence,	*conscience.*	Fac ti on,	*faction.*

(1) *O'CLOCK*, qui est un mot sous-entendu, est une abréviation de *of the clock*, littéralement, de l'horloge.

(2) *TION, etc.*, dans ce paragraphe, se prononcent ainsi :

Tion et Sion	comme	*Cheunn.*
Tions, Scious et Cious	. . . .	*Cheuss.*
Science et Tience	. . . .	*Cheunns.*
Tial et Cial	. . . .	*Cheull.*
Zier et Sier	. . . .	*Jeur.*
Tian, Cian et Sian	. . . .	*Cheunn.*
Ion précédé par L ou N	. . . .	*Ion.*

Frac ti on,	*fraction.*	Pas[1] si on,	*passion.*
Man si on,	*habitation.*	Pen si on,	*pension.*
Mar ti al,	*martial.*	Pi ni on,	*pignon.*
Men[6] ti on,	*mention.*	Pre ci ous,	*précieux.*
Mil[8] li on,	*million.*	Sec ti on,	*section.*
Mis si on,	*mission.*	Spe ci al,	*spécial.*
Nup[13] ti al,	*nuptial.*	Ver si on,	*version.*
Op[10] ti on,	*choix.*	Vi ci ous,	*vicieux.*
Par[3] ti al,	*partial.*	Per si an,	*de Perse.*
		Ter ci an,	*tierce.*

LA SYLLABE ACCENTUÉE LONGUE.

An[1] ci ent,	*ancien.*	Ho[9] si er,	*bonnetier.*
Auc[4] ti on,	*enchère.*	Na[1] ti on,	*nation.*
Bra[1] si er,	*chaudronnier.*	Pa ti ence,	*patience.*
Cau ti ous,	*prudent.*	Por[9] ti on,	*portion.*
Gla zi er,	*vitrier.*	So ci al,	*social.*
Gra ci ous,	*gracieux.*	Spa ci ous,	*spacieux.*
Gre ci an,	*de Grèce.*		

EXERCICE.

I will men–ti–on it to him, when I see him,	*je lui en parlerai quand je le verrai.*
Tell the gla–zi–er to come and mend the win–dow,	*dites au vitrier de venir raccommoder la fenêtre.*
This room is ve–ry spa–ci–ous,	*cette chambre est très spacieuse.*
If you see the ho–si–er, tell him to send me two pairs of silk stock–ings,	*si vous voyez le bonnetier, dites-lui de m'apporter deux paires de bas de soie.*
Lon–don con–tains near–ly a mil–li–on and a half of souls,	*Londres a près d'un million et demi d'ames.*
We must be cau-ti-ous in what we say and do,	*il nous faut être prudens dans toutes nos paroles et nos actions.*
He en-joys a pen-si-on of one thou-sand a year,	*il jouit d'une pension de mille livres par an.*
I am not con-sci–ous of hav–ing said it,	*je ne suis pas persuadé de l'avoir dit.*

Men-ti-on the sub-ject to him when you see him,	*parlez-lui-en, quand vous le verrez.*
I was pre-sent at their nup-ti-als,	*j'ai assisté à leur mariage.*
Have pa-ti-ence, and I will tell you all,	*prenez patience, et je vous dirai tout.*

CHAPITRE V.

TERMINAISONS DES MOTS QUI ONT LA MÊME PRONONCIATION.

§ 38. *Mots où les terminaisons* ar, er, or, our, *et* re, *se prononcent comme* EUR, *dans le mot* LEUR.

Beg gar,	*mendiant.*	Su gar,	*sucre.*
Col lar,	*collet.*	Vul gar,	*vulgaire.*
Dol lar,	*rixdale* (monnaie).	Ce dar,	*cèdre.*
Nec tar,	*nectar.*	Fri ar,	*moine.*
Pil lar,	*colonne.*	Li ar,	*menteur.*
Scho lar,	*écolier. savant.*	Mor tar,	*mortier.*
Dan ger,	*danger.*	Cham ber,	*chambre.*
Gan der,	*jar.*	Ci der,	*cidre.*
Lodg er,	*logeur.*	Gro cer,	*épicier.*
Sing er,	*chanteur.*	Speak er,	*orateur.*
Sup per,	*souper.*	Stran ger,	*étranger.*
Ush er,	*sous-maître.*	Wa fer,	*pain à cacheter.*
Win ter,	*hiver.*	Fa ther,	*père.*
But cher,	*bouchon.*	Sis ter,	*sœur.*
Por ter,	*porteur.*	Mo ther,	*mère.*
Ac tor,	*acteur.*	Au thor,	*auteur.*
Debt or,	*débiteur.*	Ju ror,	*juré.*
Doc tor,	*docteur.*	May or,	*maire.*

Li quor,	*liqueur.*	Mi nor,	*mineur.*
Ma nor,	*seigneurie.*	Tai lor,	*tailleur.*
Pas tor,	*pasteur.*	Trai tor,	*traître.*
Rec tor,	*recteur.*	Tu tor,	*précepteur.*

Ar mour,	*armure.*	Splen dour,	*splendeur.*
Par lour,	*salon.*	Suc cour,	*secours.*
Ri gour,	*rigueur.*	Va lour,	*courage.*
Can dour,	*candeur.*	Vi gour,	*vigueur.*
Co lour,	*couleur.*	La bour,	*travail.*
Har bour,	*port.*	Fa vour,	*faveur.*
Ho nour,	*honneur.*	Neigh bour,	*voisin.*
Ran cour,	*rancune.*	Hu mour,	*humeur* (caractère).

Cen tre,	*centre.*	Me tre,	*mètre.*
Lus tre,	*lustre.*	Mea gre,	*maigre.*
Scep tre,	*sceptre.*	Mi tre,	*mitre.*
Spec tre,	*spectre.*	Ni tre,	*nitre.*
A cre,	*âcre.*	Sa bre,	*sabre.*
Fi bre,	*fibre.*	Salt pe tre,	*salpêtre.*
Lu cre,	*gain.*	Se pul cre,	*sépulcre.*

EXERCICE.

Give me a wa-fer to seal my let-ter,	*donnez-moi un pain à cacheter, pour cacheter ma lettre.*
He is a ve-ry fine sing-er,	*c'est un charmant chanteur.*
He was in dan-ger of be-ing kill-ed,	*il courut risque d'être tué.*
Is sup-per rea-dy?	*le souper est-il prêt?*
Will you fa-vour me with your com-pa-ny at din-ner to-day?	*voulez-vous bien me faire l'amitié de dîner avec moi aujourd'hui?*
Dr. Johnson is the au-thor of the Ram-bler,	*le docteur Johnson est l'auteur du Rôdeur.*
My tai-lor has made me a new coat,	*mon tailleur m'a fait un habit neuf.*
Will you take a lit-tle sugar and wa-ter?	*voulez-vous prendre un peu d'eau sucrée?*

I have not quit-ted my cham-ber to-day,	*je ne suis pas sorti de ma chambre aujourd'hui.*
He is a ve-ry fine ac-tor,	*c'est un très joli acteur.*
Which co-lour do you like the best?	*quelle est la couleur que vous aimez le mieux?*
Come to sup-per.	*venez souper.*
The ship is safe-ly ar-riv-ed in har-bour,	*le vaisseau est arrivé à bon port.*
He was tu-tor to the young duke of..	*il était gouverneur du jeune duc de. . . . . . .*
He is a ve-ry great scho-lar,	*c'est un très grand savant.*
Ci-der is made from ap-ples,	*le cidre est fait avec des pommes.*

CHAPITRE VI.

TERMINAISONS DES VERBES QUI FINISSENT PAR Y A L'INFINITIF.

§ 39. *Les verbes à l'infinitif qui finissent en* FY, *ont le son de* I *long, comme dans* LAÏQUE (1).

Am[1] pli[5] fy,	*amplifier.*	Jus[13] ti fy,	*justifier.*
Bea[5 2] ti fy,	*béatifier.*	Mo[10] li fy,	*amollir.*
Beau[12] ti[6] fy,	*embellir.*	Mo[10] di fy,	*modifier.*
De[5] fy,	*défier.*	No[9] ti fy,	*notifier.*
De[5] i[5] fy,	*déifier.*	Pe[6] tri fy,	*pétrifier.*
Fal[4] si[5] fy,	*falsifier.*	Pu[12] tri fy,	*putréfier.*
Glo[9] ri fy,	*glorifier.*	Qua[4] li fy,	*rendre capable.*
Gra[2] ti fy,	*gratifier.*	Ra[2] ti fy,	*ratifier.*

(1) Rely, *compter;* Deny, *nier;* Ally, *allier;* Comply, *s'accommoder;* Multiply, *multiplier*, et un grand nombre d'autres suivent la même régle. Il faut excepter les verbes où l'Y est précédé de R, comme *marry, tarry*, etc., où il a le son de l'É français.

Re[6]c ti fy,	*rectifier.*	Ve[6] ri fy,	*vérifier.*
Sa[2] tis fy,	*satisfaire.*	Vi[8] li fy,	*ravilir.*
Te[1]r ri fy,	*effrayer.*	Ver si fy,	*versifier.*

EXERCICE.

He beau-ti-fied the ci-ty by e-rect-ing ma-ny mag-ni-fi-cent build-ings,	*il embellit la ville, en y faisant élever des monumens superbes.*
I de-fy you to prove what you ad-vance,	*je vous défie de prouver ce que vous avancez.*
Ro-mu-lus was de-i-fied,	*Romulus fut déifié.*
Let us glo-ri-fy God,	*glorifions Dieu.*
He can-not jus-ti-fy him-self,	*il ne peut se justifier.*
Will you gra-ti-fy my wish-es?	*voulez-vous combler mes désirs?*
They were pe-tri-fied with as-to-nish-ment,	*ils furent pétrifiés d'étonnement.*
I will qua-li-fy you for that em-ploy-ment,	*je vous rendrai propre à cet emploi.*
The king will ra-ti-fy the peace,	*le Roi ratifiera la paix.*
Rec-ti-fy this fault,	*rectifiez cette faute.*
I can-not sa-tis-fy your de-mands at pre-sent,	*je ne puis satisfaire à votre demande pour l'instant.*
You may re-ly up-on what I say to you,	*vous pouvez vous fier à ce que je vous dis.*
Can you de-ny me so small a kind-ness?	*pouvez-vous me refuser une grace aussi légère?*
He is go-ing to al-ly him-self to our fa-mi-ly,	*il va entrer dans notre famille.*
I can-not com-ply with your de-mands,	*je ne puis condescendre à vos demandes.*
Mul-ti-ply these two num-bers to-ge-ther,	*multipliez ces deux nombres ensemble.*

CHAPITRE VII.

MOTS DONT L'ORTHOGRAPHE EST LA MÊME, ET LA PRONONCIATION DIFFÉRENTE.

---

§ 40. *Mots qui sont épelés de même, mais qui diffèrent pour le sens et la prononciation.*

Còn-duct, sub., *conduite.*
To con-dùct, verb., *conduire.*
A còn-test, sub., *débat.*
To con-tèst, verb., *contester.*
Frè-quent, adj., *fréquent.*
To fre-quènt, verb., *fréquenter.*
A mì[8]-nute[8], sub., *minute.*
Mi[5]-nùte[13], adj., *mince.*
An òb-ject, subs., *objet.*
To ob-jèct, verb., *objecter.*
A sùb-ject, subs., *sujet.*
To sub-jèct, verb., *exposer.*
Prè-sent, adj., *présent.*
A prè-sent, subs., *cadeau.*
To pre-sènt, verb., *présenter.*
A tòr-ment, subs., *tourment.*
To tor-mènt, verb., *tourmenter.*
A tear[5], subs., *larme.*
To tear[1], verb., *déchirer.*

A sow[16], subs., *truie.*

To sow[9], verb., *semer.*

A bow[9], subs., *arc.*

To bow[16], verb., *plier.*
A bow, subs., *révérence d'un homme.*

A house[16] (1), subs., *maison.*
To house, verb., *engranger.*

Use[12], subs., *usage.*
To use, *user.*

Close[9], prép., *tout près.*
To close, verb., *fermer.*

Grease[5], subs., *graisse.*
To grease, verb., *graisser.*

An excuse[12], subs., *excuse.*
To excuse, verb., *excuser.*

---

(1) L'S du premier mot, dans chacune de ces cinq couples, a le son d'un S; et celui du second mot, le son d'un Z.

EXERCICE.

His vi-sits be-came ve-ry fre-quent,	*ses visites devinrent très fréquentes.*
The coach will set off in two or three mi-nutes,	*la voiture partira dans deux ou trois minutes.*
That man fre-quents the the-a-tre,	*cet homme fréquente le théâtre.*
His con-duct is praise-worthy,	*sa conduite est digne d'éloges.*
Have the good-ness to con-duct me thi-ther,	*ayez la bonté de m'y conduire.*
I will not ob-ject to a-ny thing you may pro-pose,	*je ne m'opposerai aucunement à ce que vous pourrez proposer.*
He made me a pre-sent of a watch,	*il me fit cadeau d'une montre.*
Do not tear your book,	*ne déchirez pas votre livre.*
He has writ-ten up-on a use-ful sub-ject,	*il a écrit sur un sujet utile.*
I will lend you this book,	*je vous prêterai ce livre,*
I have no use for it at pré-sent.	*je ne m'en sers pas à présent.*
Use time, but do not a-buse it,	*employez votre temps, mais n'en abusez pas.*
He lives close to the pa-lace,	*il vit tout près du palais.*
Close your book,	*fermez votre livre.*
Excuse me if I do not come,	*excusez-moi, si je ne viens pas.*
The con-test was warm,	*la discussion fut chaude.*
She sent an ex-cuse for not com-ing,	*elle a envoyé quelqu'un pour l'ex-cuser de n'être pas venue.*
The bow and ar-row is not now much in use,	*on ne se sert plus beaucoup actuel-lement de l'arc et des flèches.*
Make a bow,	*faites un salut.*

CHAPITRE VIII.

MOTS DONT LA PRONONCIATION EST LA MÊME ET L'ORTHOGRAPHE DIFFÉRENTE.

---

§ 41. *Mots qui ont le même son, mais qui s'écrivent différemment, et qui n'ont pas la même signification* (1).

[4] All,	*tout.*
Awl,	*alène.*
Altar,	*autel.*
Alter,	*changer.*
[1] Air,	*air.*
Ere,	*avant que.*
Heir,	*héritier.*
As cènt,	*élévation.*
As sènt,	*assentiment.*
At tèn dance,	*suite.*
At tèn dants,	*domestiques.*
[1] Bare,	*pauvre, découvert.*
Bear,	*supporter. ours.*
[9] Beau,	*damoiseau.*
Bow,	*arc.*
[5] Beat,	*battre.*
Beet,	*bette.*
[6] Ber ry,	*grain. baie.*
Bu ry,	*enterrer.*
[5] Beer,	*bière.*
Bier,	*bière.*
[12] Blew,	*souffler. prêt.*
Blue,	*bleu.*
[9] Boar,	*sanglier.*
Bore,	*percer.*
[16] Bough,	*branche.*
Bow,	*saluer.*
[6] Bread,	*pain.*
Bred,	*élevé.*
[6] Ceil,	*cellule.*
Sell,	*vendre.*
[6] Sent,	*envoyé.*
Scent,	*odeur.*
[5] Ceil ing,	*plafond.*
Seal ing,	*cachetant.*
[9] Coarse,	*gros.*

---

(1) En joignant à ce chapitre les mots seulement qui ont précisément le même son, on aide l'élève à prononcer aussi bien qu'à distinguer le sens des mots qui ont le même son.

Course,	*course.*
Com[10] pli[5] ment,	*compliment.*
Com ple ment,	*complément.*
Dear[5],	*cher.*
Deer,	*daim.*
Dew[12],	*rosée.*
Due,	*du.*
Faint[1],	*s'évanouir.*
Feint,	*feinte.*
Fair[1],	{ *beau.* *foire.*
Fare,	*chère.*
Flea[5],	*puce.*
Flee,	*fuir.*
Foul[16],	*sale.*
Fowl,	*oiseau.*
Gilt[8],	*doré.*
Guilt,	*crime.*
Grate[1],	*grille.*
Great,	*grand.*
Hart[3],	*cerf.*
Heart,	*cœur.*
Hair[1],	*cheveux.*
Hare,	*lièvre.*
Heal[5],	*guérir.*
Heel,	*talon.*
Hear,	*écouter.*
Here,	*ici.*
Hew[12],	*couper.*
Hue,	*couleur.*
Hole[9],	*trou.*

Whole,	*tout.*
Knew[12],	*je connus.*
New,	*nouveau.*
Leak[5],	*ouverture.*
Leek,	*porreau.*
Lead[6],	*plomb.*
Led,	*conduire.*
Les sen,	*diminuer.*
Les son,	*leçon.*
Mean[5],	*signifier.*
Mien,	*mine.*
Meat[5],	*viande.*
Meet,	*rencontrer.*
Mete,	*mesurer.*
Moan[9],	*gémir.*
Mown,	*faucher.*
Oar[9],	*rame.*
Ore,	*mine* (minéral).
Pain[1],	*douleur.*
Pane,	*panneau.*
Pair[1],	*paire, couple.*
Pare,	*peler.*
Pear,	*poire.*
Peace[5],	*paix.*
Piece,	*pièce.*
Peer[5],	*pair.*
Pier,	*mole.*
Place[1],	*place.*
Plaice,	*plie* (poisson).
Pray[1],	*prier.*
Prey,	*proie.*

Raise[1],	*élever.*
Rays,	*rayons.*
Raze,	*raser.*
Rain[1],	*pluie.*
Reign,	*règne.*
Rein,	*rêne.*
Rest[6],	*repos.*
Wrest,	*arracher.*
Rye[7],	*seigle.*
Wry,	*de travers.*
Right,	*droit.*
Rite,	*rit.*
Wright,	*ouvrier.*
Write,	*écrire.*
Sail[1],	*faire voile.*
Sale,	*vente.*
Scene[5],	*scène.*
Seen,	*vu.*
Sea,	*mer.*
See,	*voir.*
Seam[5],	*couture.*
Seem,	*sembler.*
Sow[9],	*semer.*
Sew,	*coudre.*
Sleight[7],	*ruse.*
Slight,	*petit, léger.*
Sloe[9],	*prunelle* (fruit).
Slow,	*lent.*
Sole[9],	*sole* (poisson). *semelle.*
Soul,	*ame.*
Soar[9],	*élever.*
Sore,	*qui fait mal.*
Some[13],	*de, du, quelque.*
Sum,	*somme.*
Son[13],	*fils.*
Sun,	*soleil.*
Steal[5],	*voler.*
Steel,	*acier.*
Stile[7],	*pas de haie.*
Style,	*style.*
Straight[1],	*droit.*
Strait,	*détroit.*
Tail[1],	*queue.*
Tale,	*conte.*
Their[1],	*leur.*
There,	*là.*
Too[11],	*trop, aussi.*
Two,	*deux.*
Toe[9],	*orteil.*
Tow,	*étoupe.*
Vale[1],	*vallée.*
Veil,	*voile.*
Vain[1],	*vain.*
Vein,	*veine.*
Vane,	*girouette.*
Waist[1],	*taille. ceinture.*
Waste,	*dévaster.*
Weak[5],	*faible.*
Week,	*semaine.*
Yew[12],	*if* (arbre).
You,	*vous.*

EXERCICE.

Will you come and spend the next *week* with me?	*voulez-vous venir passer la semaine prochaine avec moi?*
In–deed, I cannot; I have been ill and am still too *weak* to go out.	*En vérité, je ne le puis; j'ai été malade, et je suis encore trop faible pour sortir.*
The Hebrews *write* from *right* to left,	*les Hébreux écrivent de droite à gauche.*
I have *too* many. — No, you have only *two*,	*J'en ai trop. — Non, vous en avez seulement deux.*
Pare this *pear* for me,	*pelez cette pomme pour moi.*
From this moun-tain we can *see* the *sea*.	*de cette montagne, nous pouvons apercevoir la mer.*
If I were in *their* place, I would stay *there*,	*si j'étais à leur place, j'y resterais.*
Deer, when killed, is call–ed ve–ni–son, and sells ve–ry *dear*,	*lorsque le daim est tué, on l'appelle venaison, et il se vend fort cher.*
My *heel* is *healed*,	*mon talon est guéri.*
If you will stay *here*, I will *hear* what you have to say,	*si vous restez ici, j'écouterai ce que vous avez à dire.*
I *knew* him be–fore last *new* year's *day*,	*je l'ai connu avant le dernier jour de l'an.*
Some part of this *sum*, I will give you,	*je vous donnerai une partie de cette somme.*
You cannot *raise* your eyes and look sted–fast–ly at the *rays* of the sun,	*vous ne pouvez lever les yeux, et regarder fixement les rayons du soleil.*
The peo–ple will *meet* to–mor–row for the dis-tri-bu-ti-on of bread and *meat*,	*le peuple se rassemblera demain pour la distribution de pain et de viande.*

CHAPITRE IX.

MOTS DONT LA PRONONCIATION ET L'ORTHOGRAPHE DIFFÈRENT.

§ 42. *Mots dans lesquels la prononciation diffère de l'écriture d'une manière remarquable.*

MOTS ANGLAIS.	PRONONCIATION.	EXPLICATION.
Aisle,	aïle,	*les ailes de la nef.*
Ache,	èke,	*faire mal.*
Apron,	èpeurn,	*tablier.*
Awry,	auraï,	*de travers.*
Biscuit,	biskit,	*biscuit.*
Boatswain,	bauss'n,	*contre-maître.*
Borough,	boro,	*bourg.*
Bury,	berrè,	*enterrer.*
Busy,	bisè,	*occupé.*
Business,	biz'nes,	*des affaires.*
Choir,	kouaïre,	*le chœur.*
Circuit,	cerkit,	*circuit.*
Clothes,	clause,	*des habits.*
Cough,	cof,	*toux.*
Cockswain,	coks'n,	*patron de chaloupe.*
Colonel,	keur nel,	*colonel.*
Cupboard,	keubbeurd,	*armoire.*
Cousin,	keuz'n,	*cousin, cousine.*
Cruize,	crouze,	*croiser.*
Demesne,	demène,	*domaine.*
Drachm,	dram,	*drachme.*
Eight,	eite,	*huit.*
Eugh,	iou,	*un if.*
Falcon,	fauk'n,	*faucon.*
Feodal,	fioudal,	*féodal.*
Gaol,	djèle,	*prison.*
Half-penny,	hè peney,	*sou anglais.*
Hautboy,	hauboï,	*hautbois.*
Hiccough,	hickeup,	*hoquet.*
Housewife,	heuz if,	*ménagère.*

MOTS ANGLAIS.	PRONONCIATION.	EXPLICATION.
Iron,	aïr'n,	*fer.*
Lieutenant,	lieftenant,	*lieutenant.*
Lettuce,	lettis,	*laitue.*
Neigh,	né,	*hennir.*
One,	oueun,	*un.*
Poignard,	poïniard,	*poignard.*
Schedule,	sedjul,	*feuille de parchemin.*
Seven'night,	sennit,	*huitaine.*
Subtle,	seuttle,	*subtil.*
Two,	tou,	*deux.*
Victuals,	vittles,	*vivres.*
Waistcoat,	ouèsceutte,	*gilet.*
Women,	ouiminne,	*femmes.*
Yacht,	yotte,	*yacht.*

EXERCICE.

Bis-cuit is used at sea,	*on se sert de biscuit sur mer.*
My bu-si-ness is much in-creas-ed of late,	*mes affaires se sont augmentées dernièrement.*
Put the bread in the cup-board,	*mettez le pain dans l'armoire.*
He was sent to gaol for theft,	*il fut emprisonné pour vol.*
A sou and a half-pen-ny are a-bout the same va-lue,	*un sou et un* halfpenny *ont à peu près la même valeur.*
He was first made a lieu-te-nant and then a co-lo-nel,	*il fut d'abord fait lieutenant, ensuite colonel.*
The i-ron is red hot,	*le fer est tout rouge (rougi au feu).*
Give him some vic-tu-als,	*donnez-lui quelques vivres.*
Fetch me my waist-coat,	*allez me chercher mon gilet.*
Here are two, which will you have?	*en voici deux, lequel voulez-vous ?*
Give me the black one,	*donnez-moi le noir.*
I cannot eat; I have the hic-cough. —	*je ne puis manger, j'ai le hoquet.*

Nota. Pour ne pas donner trop d'étendue à cet ouvrage, on n'a pas jugé nécessaire d'introduire dans cette partie la liste des trisyllabes et des polysyllabes. L'élève peut consulter les règles sur l'accent, dans la 4e. Partie, qui contiennent celles qui sont le plus nécessaires à connaître.

TROISIÈME PARTIE.

ANECDOTES ET EXTRAITS FACILES.

LES LETTRES ITALIQUES NE SE PRONONCENT PAS.

LES SYLLABES ACCENTUÉES ONT L'ACCENT GRAVE MIS AU DESSUS.

MILTON.

When[6] Milton was[10] blind[7], he màrried[2] a shrew[11].
Lorsque Milton était aveugle, il épousa une femme acariâtre.

The duke[12] of Bùckingham càlled[4] her (1) a rose[9]; I am no[9] judge[13]
Le duc de Buckingham appela elle une rose. Je ne suis pas juge

of còlours[13], replied[7] Milton, and it may[1] be so[9]; for I feel[5]
de couleurs, répliqua Milton, et cela peut être ainsi; car je sens

the thorns[4] daily[1].
les épines journellement.

GARRICK.

Mrs. M*** having[2] pùblished[13] what[10] she[5] càlled[4]" loose[11] thoughts[4]";
*Me. M*** ayant publié ce qu'elle appelait libres pensées,*

Mr. Garrick was[10] asked[2] if he did not think[8] it a strange[1]
M. Garrick fut interrogé si il ne pensait pas cela un étrange

(1) L'appela. Le régime suit le verbe en anglais.

title for a lady to choose (1)? By no means, replied he",
titre pour une dame à choisir? Par aucun moyen, répliqua-t-il,

the sooner a woman gets rid of such thoughts, the better".
le plus tôt une femme (se débarrasse) de telles pensées, le mieux.

AN IRISH TELESCOPE.
UNE IRLANDAISE LUNETTE D'APPROCHE.

Sir Frederick Flood was one day observing to a friend that he
Sir Frédéric Flood était un jour observant à un ami qu' il

had a most excellent telescope. "Do you see yon church",
avait une très bonne lunette d'approche. Voyez-vous cette église,

said he, "about half a mile off, it is scarcely discernible;
dit-il; à environ un demi mille d'ici, elle est à peine perceptible;

but when I look at (2) it through my telescope, it
mais quand je regarde à elle à travers ma lunette d'approche, elle

brings it so close that I can hear the organ playing".
porte elle si près que je puis entendre l' orgue jouant.

LOSS OF CHARACTER.
PERTE DE RÉPUTATION.

"Sir", observed a publican of Doncaster to a man
Monsieur, observait un aubergiste de Doncastre à un homme

notorious for never speaking the truth; "you have (taken away)
connu pour ne jamais disant la vérité; vous avez (enlevé)

---

(1) On lui demanda si ce titre choisi par une dame n'était pas singulier.

(2) To look at, *regarder*.

my chàracter". « How so? said the other; » I never mèntioned
ma réputation. « Comment donc? dit l' autre; » je n'ai jamais pro-

your name in my life. » No matter for that", replied Bo-
noncé votre nom dans ma vie. » N'importe, répondit Bo-

niface (1); » "befòre you came here, I was rèckoned the grèatest
niface ;» avant vous veniez ici, j' étais reconnu le plus grand

liar of the place".
menteur de l' endroit.

AN UPRIGHT WOMAN.
UNE DROITE FEMME.
LA FEMME DEBOUT.

The wife of an Englishman of distinction rècently died in
La femme d' un Anglais de distinction dernièrement mourut à

Paris. The hùsband was inconsòlable at his loss, and would not
Paris. Le mari était inconsolable de sa perte, et ne voulait pas

quit the mòrtal remàins of his once dear partner. He dirècted
quitter les mortels restes de sa autrefois chère épouse. Il dirigea

the preparàtions for the fùneral, and accòmpanied the sepùlchral
les préparatifs pour l' enterrement, et accompagna le funèbre

procèssion to the (bùrial ground) of Pere la Chaise. On arriving there
cortége au (cimetière) du Père la Chaise En arrivant là,

he requèsted that a spot of ground might be assigned him for the
il demanda qu'un espace de terrain pût être assigné à lui pour le

---

(1) Boniface, nom communément donné aux aubergistes d'Angleterre.

grave, the exòrbitant demànd for which is, alas! but too
tombeau, la exorbitante demande pour lequel n'est, hélas! que trop

gènerally known. He was told (1) the price of it would be one
généralement connue. Il fut appris le prix de lui serait un

hundred francs per yard, and a donàtion of fifty francs to
cent francs par verge, et une donation de cinquante francs pour

the poor. "You will requìre two yards", said they; cònsequently
les pauvres. Il vous faut deux verges, dirent-ils; conséquem-

you must pay two hundred and fifty francs". At these
ment vous devez payer deux cents et cinquante francs. A ces

words, the Englishman took out of his pòcket two pieces of twenty
mots, l' Anglais tira de sa poche deux pièces de vingt

francs each, and pointing to the còffin contàining the body of his
francs chaque, et indiquant la bière contenant le corps de sa

late wife, in a weeping voice, ànswered let her be intèrred
défunte femme, en un larmoyant ton, répondit qu'elle soit enterrée

ùpright!
debout!

COOKE THE ACTOR.

L'ACTEUR COOKE.

A physìcian seeing Cooke abòut to drink a glass of
Un médecin voyant Cooke sur le point de boire un verre d'

brandy, exclaimed" : Don't drink that filthy stuff;
eau-de-vie, s'écria : Ne buvez pas cette infame drogue;

---

(1) He was told, *on lui apprit.*

brandy is the worst ènemy you have". "I *k*now that",
l'eau-de-vie est le plus grand ennemi que vous ayez. Je sais cela,

replied Cooke; "but you *k*now the scrìpture commànds us to
répliqua Cooke; mais vous savez que l'écriture nous commande d'

love our ènemies: so here goes".
aimer nos ennemis: ainsi voilà.

LORD CHATHAM.

His èloquence was of èvery kind (1), trànquil, vèhement, argu-
Son éloquence était de tout genre, tranquille, véhémente, argu-

mèntative, or mòralizing, as best suited the occàsion.
mentative, ou morale, comme le mieux convenait aux occasions.

In 1764, he maintàined the illegàlity of gèneral warrants
En 1764, il soutint l' illégalité des générales prises de corps

with great ènergy in the House of Commons. "By the
avec une grande énergie dans la Chambre des Communes. Par la

brìtish constitùtion", said he, (èvery man's house)
anglaise constitution, dit-il, (la maison de chaque individu)

is his càst*l*e: not that it is surroùnded with (2) walls and
est son château: non qu'elle soit entourée de murailles et de

bàttlements; for it may be a straw bui*l*t shed. Every
créneaux; car elle peut être un appentis construit en paille. Tous

---

(1) Son éloquence embrassait tous les genres.

(2) *With*, littéralement avec, qui est le régime du verbe *surround*. J'ai donné toujours au verbe français le régime qui lui est propre, en laissant à l'élève à remarquer la différence qui existe entre les deux langues, dans cette Partie de la grammaire.

wind of heaven may blow around it, all the elements
les vents du ciel peuvent souffler autour d'elle, tous les élémens

of nature may enter; but the king cannot, the king
de la nature peuvent y entrer; mais le roi ne le peut, le roi

dare not".
ne l'ose pas.

ANIMAL INSTINCT.
INSTINCT ANIMAL.

A gentleman receiving a present (of some Florence oil),
Un gentilhomme recevant un présent (de l'huile de Florence),

the flasks were put in his cellar, at the bottom of a
les bouteilles furent mises dans sa cave, au fond d' une

shallow box; the oil not being wanted for use (1), they
peu profonde boîte; l' huile n'étant pas désirée pour l'usage, elles

remained there for some time; when the owner, going
restèrent là pendant quelque temps; lorsque le propriétaire, allant

one day by chance into the cellar, was surprised to find the
un jour par hasard dans la cave, fut surpris de trouver les

wicker work, by which the flasks were stopped, gnawed
planches d'osier, par lesquelles les bouteilles étaient retenues, rongées

(from the greater part of them), and upon examination the oil sunk
(pour la plupart), et sur examen que l' huile était

about two inches or two and a half from the neck
baissée environ à deux pouces ou deux pouces et demi du cou

---

(1) Comme on n'avait pas besoin d'huile.

of each flask. It soon occùrred to him, that it must be
de chaque bouteille. Cela bientôt vint à lui, que ce pourrait être

the work of some kind of vermin; and being a man of a
l' ouvrage de quelqu' espèce de vermine; et étant un homme d' un

spèculative turn (1), he resòlved to sàtisfy his curiòsity; he accòrd-
observateur genre, il résolut de satisfaire sa curiosité; il alors

ingly found means to watch, and àctually detècted three rats
trouva les moyens de veiller, et en effet prit trois rats

in the very fact (2). The neck of the flasks was long and
dans le fait même. Le cou des bouteilles était long et

narrow; it requìred therefore some contrivance One of those
étroit; cela demandait donc quelqu' invention. Un d' eux

stood on the edge of the box, while anòther, mounting
se tenait sur le bord de la boîte, lorsqu'un autre, montant sur

his back, dipped his tail into the neck of the flask, and
son dos, plongeait sa queue dans le cou de la bouteille, et

presènted it to a third to lick; they then changed places;
présentait elle à un troisième à lécher; ils alors changeaient de places;

the rat which stood ùppermost descènded, and was accòmmo-
le rat qui se tenait le plus haut descendait, et était accom-

dated in the same manner with the tail of his compànion,
modé de la même manière par la queue de son camarade,

till it was his turn to act the porter, and he took his
jusqu'à ce que ce fût son tour de faire le porteur, et il tenait le

station at the bòttom. In this manner the three rats altèrnatively
poste au fond. (De sorte que) les trois rats alternative-

---

(1) A man of a speculative turn, *un observateur.*
(2) In the very fact, *en flagrant-délit.*

relieved each other, and banqueted on the oil till
ment se relevaient l'un l'autre, et mangeaient l' huile jusqu'à

they had sunk it beyond the length of their tails.
ce qu'ils l'eurent fait tomber à la longueur de leurs queues.

VOLTAIRE.

To an English gentleman taking leave of Voltaire, he said :
A un Anglais gentilhomme prenant congé de Voltaire, il dit :

"Well, Sir, you are going to London ; I will come and see you
Bien, Monsieur, vous êtes allant à Londres ; j' irai vous voir

after you (get home); but that must be after
après vous (serez arrivé chez vous); mais ce ne peut être qu'après

I am dead. There are twenty ghosts at least in Macbeth, why
je suis mort. Il y a vingt ombres au moins dans Macbeth, pourquoi

should I not be one of them"?
(ne serais-je pas) une d' elles?

Voltaire would sometimes call the whole of his establishment
Voltaire quelquefois invitait toute sa maison

to go a hunting (1), *à la chasse, à la chasse!* and when he had
à aller à la chasse, à la chasse, à la chasse! et quand il avait

assembled every one of them, it was only to walk
rassemblé chacun d'eux, c'était seulement pour se promener

round his house, and brush down the spiders and their webs,
autour de sa maison, et balayer les araignées et leurs toiles,

---

(1) *A hunting* se traduit littéralement *un chassant;* c'est une ellipse de *to go on a hunting excursion*, faire une partie de chasse.

which the sèrvants had neglècted amòng the pillars of
que les domestiques avaient (négligé d'ôter) sur les colonnes de

each pòrtico of his building.
chaque portique de son château.

A làbourer at Ferney was in prìson for 7,500 francs: Voltaire
Un laboureur à Ferney était en prison pour 7,500 francs: Voltaire

instantly dischàrged the de*b*t; and as he was infòrmed that this
aussitôt paya la dette; et comme il (apprit) que cet

man had a large fàmily, as his only pròperty, he
homme avait une nombreuse famille, comme son seul bien, il

added": Nòthing is lost when we give a*l*ms, and restòre
ajouta: rien n' est perdu quand nous faisons l'aumône, et rendons

a fàther to his fàmily, and a cìtizen to the State.
un père à sa famille, et un citoyen à l'État.

Anòther làbourer *w*ho (did not belòng) to Ferney, having lost
Un autre laboureur qui (n'appartenait pas) à Ferney, ayant perdu

a pròcess in the Pàrliament of Besànçon, which was his rùin, in
un procès au Parlement de Besançon, qui était sa ruine, dans

his despàir hàs*t*ened to Voltaire, *w*ho, after exàmining his papers,
son désespoir courut chez Voltaire, qui, après examinant ses papiers,

went (1) into his càbinet, and brou*gh*t back to him three bags
entra dans son cabinet, et (rapporta) à lui trois sacs

of a thousand francs each. "Here," said he to the *w*rètched man,
de mille francs chacun. Ici, dit-il à l'infortuné homme,

---

(1) Went, *prétérit du verbe* to go, *aller*.

"this will repày the wrongs of jùstice" (for the cause was good):
ceci réparera les torts de la justice (car la cause était bonne):

a new pròcess (would only be) a new tòrment for
un nouveau procès (serait seulement) un nouveau tourment pour

you. Go to law no more; and if you (are inclined) to settle
vous. Ne recourez plus à la loi; et si vous penchez à vous fixer

here, I will provìde for you".
ici, je m'emploierai pour vous.

MARSHAL SAXE.

A young òfficer, in one of thòse mòments when fear
Un jeune officier, dans un de ces momens lorsque crainte

overcòmes duty, and when nàture is mòre consùlted than hònour,
maîtrise devoir, et lorsque nature est plus consultée que honneur,

had disappèared. His àbsence was repòrted; èvery one was exàsperated.
eut disparu. Son absence fut rapportée; chacun était exaspéré.

The Màrshal on being infòrmed of his flight, in compàssion to his
Le Maréchal en étant informé de sa fuite, en compassion de sa

wèakness, said that he had gìven (1) the officer a sècret commis-
faiblesse, dit qu' il avait donné à l' officier une secrète commis-

sion, and (òrdered him to appèar) on the next day, pùblicly
sion, et (commanda lui de paraître) sur le suivant jour, publique-

at his lèvee. The òfficer presènted himsèlf; the Marshal
ment à son lever. L' officier présenta lui-même; le Maréchal

---

(1) To, *à* sous-entendu.

(steps fòrward) to meet him (1), speaks to him some
(fait un pas en avant) pour rencontrer lui, parle à lui quelque

time aside, and thèn praises him alòud for hàving perfòrmed
temps à part, et alors loue lui hautement pour avoir exécuté

with pròmptness and intèlligence the òrders (2) he had recèived.
avec promptitude et intelligence les ordres qu'il avait reçus.

By this cònduct he presèrved a citizen to the State, saved the
Par cette conduite il conserva un citoyen à l' État, sauva l'

hònour of a family, and prevènted a mòment of wèakness from
honneur d' une famille, et empêcha un moment de faiblesse de

proving the misery and shame of a whole life (3). It is unnècessary
devenir la misère et honte d' une toute vie. Il est inutile

to say that this òfficer becàme in the end the bràvest and bèst
de dire que cet officier devint à la fin le plus brave et le meilleur

of men.
des hommes.

Marshal Saxe frèquently assumed a military sevèrity, which
Le Maréchal Saxe fréquemment prenait une militaire sévérité, qui

correspònded with the rank of a man accùstomed to great àc-
convenait au rang d' un homme accoutumé à grandes ac-

tions. He besieged a cèrtain place, and the ènemy òffered terms
tions. Il assiégea une certaine place, et l' ennemi offrit termes

of capitulàtion. At the head of the dèputies was one who prepàred
de capitulation. A la tête des députés était un qui préparait

(1) S'avança à sa rencontre.

(2) Que sous-entendu.

(3) Et sauva à un moment de faiblesse la honte et le malheur de toute une vie.

to màke a haràngue. "Sir, "said the Màrshal, "it is not
à faire une harangue. Monsieur, dit le Maréchal, ce n'est pas

for cìtizens to interfère in the affàirs of prìnces; no
pour citoyens de se mêler dans les affaires des princes; pas d'

oràtions hère"!
orations ici!

On the ève of a bàttle (1), Màrshal Saxe bèing at the plày
Sur la veille d' une bataille, le Maréchal Saxe étant au théâtre,

the àctor who hàd to gìve òut the perfòrmànce (2) for the ensùing
l' acteur qui avait à annoncer les pièces pour le suivant

èvening, annòunced that thère would be nò plày (3) on
soir, annonça qu' il n'y aurait pas de représentation à

accòunt of the bàttle; but that the thèatre (would be) òpen
cause de la bataille; mais que le théâtre serait ouvert

agàin the dày àfter. A victory was nècessary for the
de nouveau le jour suivant. Une victoire était nécessaire pour les

àctors to keep their word (4), and a victory was obtàined.
acteurs de tenir leur parole, et une victoire fut gagnée.

---

(1) La veille d'une bataille.

(2) L'acteur qui était chargé d'annoncer la représentation.

(3) Qu'on ne jouerait pas.

(4) Une victoire était nécessaire pour que les acteurs tinssent parole.

HENRY THE FOURTH.
HENRI LE QUATRIÈME.

Henry the Fourth of France, pàssing through a small town,
Henri le Quatrième de France, en passant par une petite ville,

was met by a deputàtion from the inhàbitants. The òrator
fut rencontré par une députation de la part des habitans. L' orateur

who was charged with the còmpliment, begàn in this mànner:
qui était chargé du compliment, commença dans cette manière:

"Sire, the plèasure which we expèrience in seeing you in this
Sire, le plaisir que nous éprouvons de voir vous dans cette

place is so great that . . . . . "Here he found himsèlf embàr-
place est si grand que . . . . . Ici il trouva lui-même embar-

rassed. A courtier in the king's suite (1), desirous of èxtricating
rassé. Un courtisan dans la du roi suite, voulant retirer

him from his difficulty, thus took up the oràtion (2). « The pleasure
lui de sa difficulté, ainsi continua l' oration. « Le plaisir

which we have in seeing your Màjesty is so great that we
que nous avons de voir votre Majesté est si grand que nous

cànnot exprèss it. »
ne pouvons exprimer lui. »

SCIPIO.

Rome was surprìsed when the great Scipio repùdiated his
Rome fut surpris quand le grand Scipion répudia sa

---

(1) De la suite du Roi.
(2) Continua ainsi la harangue.

wife, and more particularly as she appeàred to possèss
femme, et plus particulièrement comme elle paraissait posséder

those qualificàtions which could rènder her hùsband hàppy. In
ces qualités qui pouvaient faire son mari heureux. En

justificàtion of his cònduct, the nòble Ròman assèmbled his friends,
justification de sa conduite, le noble Romain assembla ses amis,

to whom he showed his foot: "Behòld," said he, "how well this
à qui il montrait son pied: Regardez, dit-il, que bien cette

sàndal is màde (1), how pròper it is; but none of you
sandale est faite, que juste elle est; mais aucun de vous

know where it presses"!
connaît où elle gêne!

HYDER ALLY.

Hyder Ally, who, like Bònaparte, had raised himsèlf
Hyder Ally, qui, comme Bonaparte, avait élevé lui-même

from the rank of a military officer (in the sèrvice of the Rajah
du rang d'un militaire officier dans le service du Rajah

of Mysore), was obsèrved by one of his most familiar friends to
de Mysore, était observé par un de ses plus intimes amis de

start frèquently in his sleep; and was asked by him of
tressaillir souvent dans son sommeil; et fut demandé par lui de

what he had been dreaming (2)? "My friend," replied Hyder,
ce qu'il avait été rêvant? Mon ami, répondit Hyder,

---

(1) Comme cette sandale est bien faite.

(2) Et lui demanda à quoi il avait rêvé.

"the bèggar in his hùmble state is mòre to be ènvied (1) than
le mendiant dans son humble état est plus à être envié que

I am in all the splèndour of mònarchy. He sees no conspì-
je suis dans toute la splendeur de monarchie. Il voit aucuns conspi-

rators (2), awàke, and aslèep, dreams of no assàssins".
rateurs, éveillé, et étant endormi, ne rêve pas d' assassins.

CROMWELL.

When Charles the First was brought to trìal (3),
Lorsque Charles le Premier fut traduit devant les tribunaux,

Cromwell feeling how much he had to risk, if the King were not
Cromwell sentant combien il avait à risquer, si le Roi n'était pas

condèmned, said to his confidèntial friends: "This is a case
condamné, dit à ses intimes amis: Celui-ci est un cas

where èither the King's head or mine is concèrned (4); how
où ou la du Roi tête ou la mienne est intéressée; com-

then can I hèsitate"?
ment donc puis-je hésiter?

---

(1) Est plus digne d'envie.
(2) Lorsqu'il, est sous-entendu.
(3) Lorsqu'on faisait le procès à Charles Ier.
(4) Voici un cas où il y va de la tête du Roi ou de la mienne.

OBSERVATION.

L'élève ne trouvera plus écrites en italique les consonnes et les voyelles muettes, il faut supposer qu'il les sait déjà; cependant, pour qu'il ne se trompe pas, il peut consulter le chapitre IV, 4e. Partie.

Les sons des voyelles et des diphthongues qui s'écartent de la règle générale ont seulement la prononciation figurée. Que l'élève lise avec attention la quatrième Partie, où il trouvera toutes les règles nécessaires de la prononciation.

PRÈSENCE OF MIND.

Lord Berkeley, tràvelling in his carriage at night, and hàving fàllen aslèep (1), he was sùddenly roused by a highwàyman, who, presènting a pìstol at the window, demànded his mòney, and exclaìmed that he had heard (2) his lòrdship had boastèd that he would never be robbed by a single highwàyman, and now was the time for hìm to show if he meant to keep his word (3). Lord B***, putting his hand into his pòcket, told the man that he cèrtainly would not have sùffered it at this time, if it had not been for the fellow behìnd him who was just now looking over his shoulder (4). The

---

(1) S'étant endormi.

(2) Que, sous-entendu.

(3) S'il songeait à tenir sa parole.

(4) Qui à l'instant se montrait par-dessus son épaule.

robber ìnstantly turned round his head (1), àlmost invòluntarily, to see who was thère, when my brother, who had drawn a pìstol from his pocket, instèad of a purse, as the highwày-man imàgined, shot him upòn the spot (2).

TRUE COURAGE.

At the mòment when Charles XII of Sweden was struck dead (3) with the ball on the pàrapet, althòugh its effèct was instantàneous; yet he had the pòwer, as if by sudden ìmpulse and a nàtural motion, to place his right hand in the guard of his sword, in which àttitude he remaìned though his head fell bàckwards. Voltaire who gives this accoùnt of his last moments, mentions the sìngular remàrk of Megret, an engi-nèer, who was by his side (4) at the time. "At this spèctacle", says the writer, Megret, a man of a sìngular turn of mind (5), and of great indìfference, made no other remàrk than this: *Voilà la pièce finie, allons souper.*

(1) Tourna la tête.
(2) Le tua sur-le-champ.
(3) Frappé à mort.
(4) Qui était à son côté.
(5) Homme singulier.

HENRY IV OF FRANCE.

When Henry the Fourth of France wounded in several places at the siege of Cahors, was surrounded by his principal officers, who conjured him to retire; as his soldiers were exhausted with fatigue, and overcome with (1) the violence of the heat; he turned his eyes towards his friends with a smile, and in a tone of assurance told them that it was written above (2) what he ought to do on such an occasion. "Remember", said he, "that my retreat from this town, without having secured it for my army, shall be the retreat of my soul from this body. My honour is at stake (3). Let us then fight and conquer, or die".

DESAIX.

Desaix was born of noble parents, and devoted to the service; he was by birth a soldier. At the military college, he surpassed his companions in his studies, and in promptness for abstract science. In his youth, he was not addicted to dissipation; but on all occasions his distinguished talents procured him the respect (4) of Broglio and Custine, to

(1) Épuisés par.
(2) Qu'il était écrit en haut.
(3) Il y va de mon honneur.
(4) Lui méritèrent l'estime.

whom he was succèssively aid-de-camp and major of brigàde. At the opening of the war, his first remàrkable action was before Landau. Walking alòne in that delìghtful country which surroùnds that town, he heard on a sudden (1) the clash of arms; his àrdent spìrit ànimated him; and, withòut other weapons than a slight stick in his hand, he flew to the place from whence the sound proceeded. In an ìnstant he finds himsèlf in the midst of French and Austrian càvalry : each party having been sent thither for the pùrpose of reconnòitring (2); an engàgement had taken place (3). Desaix rushes into the midst, encòurages his còuntrymen by his voice and gèstures, is overthròwn and made prìsoner; is disengàged, renews the fight, and succèeds in èntering Landau with his victòrious party, and (4) a prìsoner whom he himsèlf had taken. He àfterwards distìnguished himself grèatly, and was appòinted gèneral of brigàde.

While (5) before Strasburgh, being attàcked by a force supèrior to his own, and his troops retìring in confùsion, Desaix threw (6) himsèlf befòre them. "Gèneral", said they,

---

(1) Tout-à-coup.
(2) A dessein de se reconnaître.
(3) Une escarmouche avait eu lieu.
(4) Avec, sous-entendu.
(5) *He was*, il était, sous-entendu.
(6) *Threw*, passé du verbe *to throw*, jeter.

"have you not commànded a retrèat"? "Yes", cried he, "but it is the retrèat of the ènemy". At these words, the sòldiers retùrned, rushed upòn the ènemy, who imàgined themsèlves cònquerors, and left them even withoùt the resoùrce of flight.

At Kell, Desaix sustàined the attàcks of a rìval worthy of himsèlf, the archduke Charles. Death hòvered round him many times (1) during these engàgements, and deprìved him of sèveral friends. History will not pass over slightly (2) his vàlour during the pàssage of the Rhine, which he èxecuted in open day (3) in the prèsence of the Austrian army; a pàssage the most bold and ènterprising that, perhàps, was ever recòrded. On this occàsion, when the French were opposed to the greatest dàngers, Desaix first lànded on the opposite bank of the river, during a most tremèndous fire, regàrdless of the impetuòsity of the waters. Followed by a small nùmber of grenadìers, he overthrew those Aùstrians who were bold enoùgh to resist him. One of theìr nùmber, indìgnant, withòut doubt, that a hàndful of Frènchmen shoùld make such havoc (4), retùrned upòn them, and fired on

(1) La mort plana souvent au dessus de sa tête.
(2) Ne parlera pas légèrement.
(3) En plein jour.
(4) Qu'une poignée de Français ont pu faire un tel carnage.

one (1) whom he selècted as most worthy of his fury; the deadly ball pènetrated the thigh of Desaix. Notwithstànding the acute pain he must have felt (2); gènerous as brave, he seized his àdversary, and made him prìsoner withòut destròying him; nor was it till then that his wòund was discòvered (3).

THE PERSIAN AMBASSADOR.

When the Pèrsian ambàssador was at Paris, he, as in London, attràcted the attèntion of all ranks, and Askarkàn was for a time *tout à la mode*. He was a very fine man, of a commànding pèrson, and most gràceful extèrior. Before his presentation in public, many ladies wished for an opportunity of seeing him in prìvate (4); amòng the rest the Empress Josephine, with other ladies of her suite, took an opportunity of attènding upon his Excellency incognito (5). As soon as she was introdùced, he recèived her with a most gràcious smile, and presènted her with a small bottle of èssence of roses (6), which was cùstomary with him (7) when he partìcularly distìnguished any fàvourite.

---

(1) Fit feu sur celui.
(2) Qu'il aurait dû sentir.
(3) Et ce ne fut qu'à ce moment qu'on s'aperçut qu'il était blessé.
(4) En particulier.
(5) Saisit l'occasion de voir son Excellence en gardant l'incognito.
(6) Lui offrit une petite bouteille d'essence de roses.
(7) Ce qu'il avait coutume de faire.

The ambàssador, struck with the gràce and *tournure* of Josephine, who was unknown to him, desìred her to take a seat (1) near him upòn his divàn; which honour she refused, excùsing hersèlf by obsèrving that such a fàvour was only bestowed upon prìvileged persons (2). His Excellency then enquìred through one of his intèrpreters, if she would feel dispòsed to àccompany him to Persia, there to resìde with him; and that he would engàge himself from that mòment, to make such an estàblishment for her as would excìte the envy of her sex. She replied, through the same means, that she was màrried, and (3) had two chìldren; that her duty and her situation prescrìbed to her that it was right to remàin in France, where her dèstiny was fixed.

On the day appòinted for the ambàssador's recèption at court, Josephine, adorned with all her regàlia, and embèllised with all her nàtural graces, recèived his Excellency with dìgnity and amabìlity. The air and coùntenance of Askerkan cànnot be descrìbed. He recollècted in the Empress, the woman who had càptivated him. He remàined fixed and incàpable of ùtterance (4). Josephine relèased him (5) from his embàrrassment, and with a gràcious smile and èxquisite

---

(1) La pria de s'asseoir.
(2) Était seulement accordée aux personnes privilégiées.
(3) Qu'elle, sous-entendu.
(4) Sans pouvoir prononcer un mot.
(5) Le délivra.

tone of voice, inspired him with consolàtion (1), obsèrving, "that he must acknòwledge she had reason to say, that she prefèrred to remàin in France, above all the offers which could be made (2) to sedùce her".

SINGULAR INSTANCE OF MOORISH JUSTICE.

A poor woman at Zehra, possèssed a small spot of ground contìguous to the royal palace of Alkalem the sècond. The Caliph being desìrous of extènding his gardens that way, made propòsals to the old woman to dispòse of her land for a sum of money; but she contìnuing deaf to every àrgument employed to indùce her to part with the inhèritance of her forefathers, the head gàrdener took by force what she refùsed to yield to entrèaty. The woman, in an àgony of despàir, flew to Cordova, to implòre the succour of Ibn Bechir, the chief Cadi of the city. This màgistrate immèdiately mounted his mule, taking with him a sack of extraòrdinary size, and presènted himsèlf befòre Alkelem, who was then sitting in a magnificent pavìlion on the very ground in question. The arrìval of the Cadi, and the appèarance of the wallet, surprìsed the sultan. Bechir, having pròstrated himself, entreated the prince to allòw him to fill his sack with some of the

---

(1) Réussit à le consoler.
(2) Qu'on aurait pu lui faire.

earth they were then upon (1). This request granted, and the bag full, the Cadi desired him to lift it on his mule. This strange demànd was still more amàzing than the rest; however, the Caliph consènted; but, upon putting his shoulder to it, he could not help complaìning of the excèssive weight of the load. "Sir", replied the Cadi, this bag, which you find so heavy, contàins but a very small portion of the earth which you have unjustly taken from a poor woman; how then do you expèct to be able, at the day of judgment, to support the weight of the whole field you have had so little scruple of usùrping?" Far from being incènsed at this audàcious rebùke; the Caliph gènerously acknowledged his fault, and ordered the land to be restòred (2) to the proprietor, with every thing he had caused to be erècted upòn it.

THE PROUD CASTILIAN.

A Castilian newly arrived at Rome, and did not yet know (3) the hour when the broth used to be distrìbuted, addrèssed himsèlf to a poor French clergy-man, who lived upon (4) the alms of a convent. His Spanish pride could not bear that he

---

(1) Toutes les fois que le relatif est supprimé, la préposition, s'il y en a une, trouve sa place après le verbe.

(2) Et il ordonna qu'on rendît la terre.

(3) Et qui ne connaissait pas encore.

(4) Qui vivait de.

should so much as ask for the house (1) where they gave out the broth; he thought (2) that way of speaking ignòble, and after having studied how to exprèss himsèlf in an oblique manner, he thought of none better than to ask the Frenchman, whether he had yet been to fetch his chòcolate? My chocolate! replied the Parisian; where the devil do you think I should have money for chocolate? I live upon alms, and I wait till the broth is distributed at the Franciscan's convent. You have not been there yet, then? said the Castilian. No, replied the Parisian, but now is the time, and thither am I going; I beg you to take me alòng with you, said the proud spàniard; and there you shall see Don Antonio Perez de Valcabro, de Redia, de Montalva, de Vega, etc., give a mark of his humìlity which shall be a lesson to postèrity. And, pray, who are all those gèntlemen? said the Frenchman. None but mysèlf, replied the Castilian. If it be so, ànswered the Frenchman, you ought rather to say, you will give a proof of poverty and a good stòmach.

ORIGIN OF THE TERM *JOHN BULL*.

Dr. John Bull was the first Gresham profèssor of music, and òrganist and compòser to Queen Elizabeth. John, like

---

(1) Ne souffrait pas qu'il s'abaissât à demander la maison.
(2) *Thought*, prétérit du verbe *think*, penser, croire.

a true Englishman, tràvelled for impròvement (1), and having heard of a fàmous musìcian at St. Omer's, he placed himsèlf under him as a *novice;* but a cìrcumstance very soon convìnced the *master,* that he was ìnferior to the scholàr. The musìcian shewed John a song, which he had compòsed in *forty parts!* Telling him that he defied all the world to prodùce a person càpable of adding *another* part to his composition. Bull desìred to be left alòne (2), and to be indùlged for a short time with pen and ink (3). In less than three hours, he added *forty parts* more to the song. Upòn which the Frenchman was so surprìsed, that he swore (4) in great ècstacy, he must be either the *Devil* or *John Bull;* which has ever since been provèrbial in England.

THE PERSIAN AMBASSADOR.

During the rèsidence of this distìnguished pèrsonage in Paris, he was so great an òbject of public curiòsity, that he could not leave his hotèl withoùt being surròunded by a mùltitude of gazers. When he attènded fàshionable parties, the èagerness evìnced by the ladies, to gain a sight of him, subjècted him to a degrèe of embàrrassment, the more insuppòrtable, as the

---

(1) Il voyagea pour se perfectionner.
(2) Bull désira d'être laissé seul.
(3) Et qu'on eût la bonté de lui accorder une plume et de l'encre.
(4) *Swore*, prétérit de *swear*, jurer.

people of the east entertàin notions very unfàvourable to that kind of female curiòsity. The fòllowing ànecdote is relàted of him.

The Pèrsian ambàssador, on retùrning the other day from a ride, found his apàrtments crowded by ladies, all èlegantly dressed, though not all èqually bèautiful. Astònished at this unexpècted assèmblage, he asked what these Europèan Odalisques could pòssibly want with him (1). The intèrpreter replied, that they had come to look at his Excellency. The ambàssador was surprised to find himsèlf an òbject of curiòsity amòng a people who boast of having attàined the apogœon of civilization; and was not a little offènded at cònduct which in Asia, would have been considered an unwàrrantable breach of good breeding (2); he accòrdingly revènged himself by the fòllowing little scheme.

The illustrious fòreigner affècted to be charmed with the ladies; he looked at them attèntively, altèrnately, pointing to them with his finger, and speaking with èarnestness to his intèrpreter, who, he was well awàre (3), would be quèstioned by his fair visitors, and he therefore instrùcted him in the part he was tò act (4). Accòrdingly, the eldest of the ladies, who, in spite of her age, pròbably thought herself the prettiest

(1) Il demanda ce que ces odalisques européennes voulaient de lui.
(2) Un manque impardonnable de bonne conduite.
(3) Il savait bien.
(4) Dans le rôle qu'il devait jouer.

of the whole party, and whose curiòsity was particularly excìted, after his Excellency had passed through the suite of rooms, coolly inqùired what had been the object of his examination? "Màdam", replied the intèrpreter, "I dare not infòrm you". — "But I wish particularly to know, sir." "Indèed, Madam, it is 'impòssible." 'Nay, Sir, this resèrve is vexatious — I desìre to know." — "Oh! since you desire, Madam. — Know then that his Excellency has been vàluing you (1)". — Valuing us — how, Sir." "Yes, ladies, his Excellency, after the custom of his country, has been setting a price upòn each of you." — Well, that is whìmsical enough; and how much may that lady be worth (2), accòrding to his estimation?" — A thousand crowns." — "And the other?" "Five hundred crowns." — "And that young lady, with fair hair (3)?" "Three hundred crowns." — "And that brunette?" "The same price." — "And that lady who is painted?" "Fifty crowns." — "And pray, Sir, what may I be worth in the tariff of his Excellency's good graces?" "Oh! Madam, you really must excùse me, I beg" — "Come, come, no concèalment." — "The Prince merely said, as he passed you." — "Well! what did he say?" "He said, Madam, that he did not know the small coin of this country."

(1) Vous a évaluée.
(2) Et combien cette dame peut-elle valoir?
(3) A cheveux blonds.

ANECDOTE OF AN ANCIENT BANNERET.

Sir Robert de Shurland was creàted a Knight Bànneret by Edward the first for his valour at the siege of Caerlaveroc castle. His death has in it something remàrkable. Having a quàrrel with a priest, he buried the father alive. The king hàppened then to lie at ànchor (1) under the Isle of Sheepey, and Sir Robert swam (2) on his horse to the ròyal vessel, obtàined his pardon, and swam back (3) to shore on his trusty steed. A witch predicted that he would owe his death to that horse; but Sir Robert, who fàncied, presùmptuously, that he was the àrbiter of his own dèstiny, drew (4) his sword and stabbed his faithful presèrver to the heart (5). Long after, passing by the spot, he saw (6) its bones bleaching on the ground : smiling with contèmpt, he gave the skull a kick (7); the bone wounded his foot, a mortification ensùed, and caused his death.

HONOUR AND ATTACHMENT.

A person of the name of Kennedy, after the defèat of the Pretènder, at Cullòden, watched over him (8) with inviolable

(1) Le vaisseau du roi était alors à l'ancre.
(2) *Swam*, prétérit de *swim*, nager.
(3) Nager en retournant au rivage.
(4) *Drew*, prétérit de *draw*, tirer.
(5) Il frappa au cœur son fidèle coursier qui lui avait sauvé la vie.
(6) *Saw*, prétérit de *see*, voir.
(7) Il frappa le crâne avec son pied.
(8) Veilla sur lui.

fidèlity for sèveral weeks, and even robbed at the risk of his own life for his support, at the very (1) time that he and his fàmily were in a state of starvation (2), and when he could gain thirty thousand pounds by betraying his guest. This poor man was àfterwards èxecuted at Inverness, for stealing a cow, in a very sevère season, to keep his family from starving! A little before his execution, he took off (3) his bonnet, and thanked god," that he had never betràyed a trust, never injured the poor, and never refùsed a share of what he had to the stranger and needy." It is said that George the first was much affècted when he heard the fate of poor Kennedy; and with a princely sèntiment, declared, that if he had known (4) the circumstance in proper time, he would have put him in a situation, in which he would not have been tempted to steal a cow for his subsistence.

A WOODEN MIRACLE.

When Naples was once closely besieged (5), the viceroy issued a sevère order, that no man abòve or under such an

---

(1) Le mot *very* répond à l'adverbe français *très*; mais quand il précède un substantif, il faut le traduire par le mot *même*. — *At the very time*, au temps même.

(2) Presque mourant de faim.

(3) ôta.

(4) *Known*, participe du verbe *know*.

(5) Bloquée de près.

age should appear in the streets without a sword, on pain of death (1). To enforce this order, he himself, attended by his officers, rode up and down (2) the streets to see that none offended. In one of these excursions he perceived a gentleman without his sword, and immediately sentenced him to be hanged on the next sign post. The gentleman pleaded hard for his life (3), but to no purpose (4), He then entreated the viceroy that he might not suffer so ignominious a death, but die in a manner more consonant to his rank, humbly requesting that the next gentleman who came by (5) with a sword, might run him through the body (6) This was granted, and presently passed by one who had been in a gaming house, where having lost all, he had pledged (7) the blade of his sword, and got a lath fitted to the hilt and scabbard (8). Being now stopped, and told (9) the business he was appointed to execute, it confounded him. Conscious of the insufficiency of his wooden substitute, he exclaimed. — What! make a common executioner of me, and stain my blood to eternity! In these, and such like exclamations, he was eloquent and vociferous; but finding

(1) Sous peine de mort.
(2) Parcourut.
(3) Plaida fortement pour sa vie.
(4) Sans aucune utilité.
(5) Qui passait auprès.
(6) La lui passa à travers le corps.
(7) Mis en gage.
(8) Et fait une latte ajustée à la poignée et au fourreau.
(9) *Told*, participe passé de *tell*, dire.

all in vain, sèriously prepàred himself for the office, and kneeling down earnestly prayed. — Good god of mercy, if this man ought not to die, convèrt this my faithful sword into wood; then to the astònishment of all present, drawing and bràndishing his weapon he shewed the èfficacy of his prayer. The condèmned gentleman was ordered to be liberated, and the sword was carried in solemn procession to the cathedral.

REMÀRKABLE PROOF OF THE IMMORTALITY OF THE SOUL.

Gennadius, a physician, a man of èminence in piety and charity, had, in his youth some doubts of the reàlity of anòther life. He saw (1) one night in a dream, a young man of a celèstial figure, who bade (2) him follow him. The apparition led (3) him into a magnìficent city, in which his ears were charmed by melòdious music, which far excèeded the most charming hàrmony he had ever heard. To the inqùiry, from whence procèeded these ràvishing sounds, his conductor ànswered, that they were the hymns of the blessed in heaven; and disappèared. Gennadius awòke (4), and the impression of the dream was dìssipated by the transactions of the

---

(1) *Saw*, prétérit de *See*, voir.
(2) *Bade*, prétérit de *bid*, commander, dire.
(3) *Led*, prétérit de *lead*, conduire.
(4) *Awoke*, prétérit de *awake*, s'éveiller.

day. The following night the same young man appèared, and asked whether he recollècted him? The melòdious songs which I heard last night, ànswered Gennadius are now brought (1) again to my mèmory: "Did (2) you hear them," said the apparition, "dreaming or awake? "I heard them in a dream. —"True, "replied the young man, and our prèsent conversation is a dream; but where is your body while I am speaking to you"? — "In my chamber." —But know you nòt that your eyes are shut, and that you cannot see"? "My eyes are indèed shut." —"How then can you see"? Gennàdius could make no answer. "In your dream, the eyes of your body are closed and useless; but you have others, with which you see me. Thus, after death, although the eyes of your flesh are deprìved of sense and motion, you will remàin alive and càpable of sight and motion by your spìritual part. Cease, then to entertàin a doubt of anòther life after death." — By this occùrrence, Gennadius affirms he becàme a sincere believer in the dòctrine of a future state.

---

(1) *Brought*, participe passé de *bring*, porter.
(2) *Did*, prétérit de *do*, *faire*. On se sert de ce verbe comme signe, lorsque la phrase est négative ou interrogative. Ainsi cette phrase, *did you hear them*, se traduit, les entendîtes-vous, ou les avez-vous entendus? (*Voyez les verbes*, 4e. Partie.)

THE OFFSPRING OF MERCY.

A GERMAN PARABLE.

When the Almighty was about to create man (1), he sùmmoned befòre him the angels[1] of his attributes, the watchers[10] of his dominions — they stood[14] in council round his hidden throne. Create him not, said[6] the angel of Justice, he will not be èquitable to his brethren, he will opprèss the weak. Create him not, said the angel of Peace, he will manùre the soil with human blood[13]; the first born[4] of his race will be the slayer of his brother. — Create him not, said the angel of Truth, he will defile thy sànctuary with falsehood[14], althòugh thou shouldst stamp on his còuntenance thine image, the seal of cònfidence. So spake the angels of the àttributes of Jehòvah: when Mercy, the youngest[13] and dearest child of the Etèrnal, arose, and clasping his knees, create him father, said she, in thy likeness, the darling of thy loving kindness; when all thy mèssengers forsàke him, I will seek (2) and suppòrt him, and turn his faults to good[14]; becàuse he is weak, I will incline his bowels to compassion (3), and his soul[9] to atòne. When he depàrts from peace, from truth, from justice, the cònsequences

---

(1) Était sur le point de créer l'homme.
(2) Le pronom *him* sous-entendu.
(3) Je ferai entrer la compassion dans ses entrailles.

of his wànderings shall detèr him from repèating them, and shall gently lead hìm to amèndment.

The father of all gave ear (1) and created man, a weak fàultering being, but in his faults, the pupil of mercy; the son of ever-active and amèliorating love. Remèmber thine òrigin then, o Man! when thou art hard and unkind to thy brother. Mercy alòne willed thee to be (2); love and pity suckled thee at their bosoms.

SIR WILLIAM WINDHAM.

At the end of the last century, Sir William Windham, being on his travels through Venice (3), obsèrved accidentally, as he was passing through St. Mark's Place in his càbriolet, a more than òrdinary crowd at one corner of it. On stopping, he found it was a mòuntebank who was pretènding to tell fortunes (4); convèying his predictions to the people by means of a long narrow tube of tin, which he lengthened or curtàiled at pleasure, as occasion requìred (5).

Sir William, amòng others, held up a piece of money; on which the *charlatan* immèdiately dirècted his tube to his

---

(1) Prêta l'oreille.
(2) Voulut que tu naquisses.
(3) Passant dans ses voyages à Venise.
(4) Qui prétendait révéler l'avenir.
(5) A plaisir, suivant l'occasion.

cabriolet, and said to him, very distinctly, in Italian, "*Signor Inglese, cavete il bianco cavallo.*" This circumstance made a very forcible impression upon him, from the recollection that some few years before, when (1) very young, having been out at a stag-hunt (2), in returning home from the sport, he found several of the servants at his father's gate, standing round a fortune-teller (3), who either was, or pretended to be, both deaf and dumb, and for a small remuneration wrote on the bottom of a trencher, with a piece of chalk, answers to such questions as the servants put to him (4) by the same method. As Sir William rode by, the man made signs to him that he was willing to tell him his fortune as well as the rest: and in good humour he would have complied; but as he could not recollect any particular question to ask, the man took the trencher, and, writing upon it, gave it back (5) with these words written legibly—"Beware of a white horse." Sir William smiled at the absurdity, and totally forgot the circumstance, till the coincidence at Venice reminded him of it.

He immediately and naturally imagined that the English fortune-teller had made his way over to the Continent (6), where he had found his speech; and he was now curious to

(1) Il était, sous-entendu.
(2) Ayant été chasse le cerf.
(3) Diseuse de bonnes aventures.
(4) Lui adressaient.
(5) Le rendit.
(6) Était passé sur le continent.

know the truth of the circumstance. Upon inquiry, however, he felt assured that the fellow had never been out of Italy, nor understood any other language than his own.

Sir William Windham had a great share (1) in the transactions of Government during the last four years of Queen Anne's reign, in which a design to restore the son of James II. to the British throne, which his father had forfeited, was undoubtedly concerted; and on the arrival of George I. many persons were punished by being put into prison, or sent into banishment. Among the former of these who had entered into this combination was Sir William Windham, who, in 1715, was committed as a prisoner to the Tower.

Over the inner gate were the arms of Great Britain, in which there was then some alteration to be made, in consequence of the succession of the House of Brunswick; and, as Sir William's chariot was passing through, conveying him to his prison, the painter was at work adding the White Horse, which formed the arms of the Elector of Hanover.

It struck Sir William most forcibly: he immediately recollected the two singular predictions, and mentioned them to the Lieutenant of the Tower, then in the chariot with him, and to almost every one who came to see him there during his confinement; and although probably not inclined (2) to superstition,

(1) Avait une grande part.
(2) Pas porté à la superstition.

he looked upon it as a prophecy which was fully accòmplished. But in this he was much mistàken; for many years after, being out hunting, he had the misfòrtune to be thrown (1) whilst leaping a ditch, by which àccident he broke his neck. He rode (2) upon a white horse.

MARY.

One afternòon in the month of Octòber, a young gentleman from Philadèlphia, who had visited Luzerne to enjòy the plèasure of the chase, was standing with his rifle on the verge of one of those high prècipices which bound the river Susquehannah (3), watching the eagle as she sailed far below him along the breast of the cliff, when he was suddenly awàkened from his rèverie by the shriek of a female voice. Turning sùddenly aròund, he saw a young horse, which being frightened, had run awày with his rider (4), and was rushing impètuously towards the prècipice. He was too far off even to attèmpt to throw himself befòre the affrighted animal. One expèdient only presènted itself. With unerring aim he drew up his rifle (5), and the horse fell on the very brink of the cliff.

---

(1) Il avait le malheur d'être jeté.
(2) Prétérit du verbe *to ride*, promener à cheval.
(3) Qui bordent la rivière du Susquehannah.
(4) Avait emporté son cavalier.
(5) Il mit en joue son fusil.

The stranger ran to the assistance of the unfortunate female. Though pale as the tenant of the grave, a lovelier object never met his view. Her dark hair fell loosely (1) on her cold bosom. —She was lifeless. He raised her in his arms, and bore (2) her to the hamlet at the foot of the hill.

By the assistance of the cottagers, Mary was soon sufficiently restored to be removed to the house of her father, which was not far distant. A fever ensued, and William, whose extensive studies had given him some knowledge in medicine, attracted by a charm which he could neither resist or define, resolved to remain and prescribe for Mary until her fate should be determined.

Mary was just eighteen, when the accident happened which introduced the accomplished and fascinating stranger to her knowledge. By his kindness, and that of her parents, she slowly recovered; but the lively radiance of her fine blue eyes was changed to a mild and pensive sweetness, less dazzling, but, oh! to the heart of sensibility how interesting. The lily stole the rose's blossom (3); the throbbing heart, and expressive flush that rose when William entered the room too plainly told, that love, obtrusive urchin, had left (4) the city, and entered the cottage of Mary with the stranger.

---

(1) En désordre.
(2) *Bore*, prétérit de *bear*, porter.
(3) Déroba les couleurs de la rose.
(4) *Left*, prétérit de *leave*, quitter.

William was the most accòmplished man Mary had ever seen. Pleasing in his addrèss, sensible and handsome, and too the presèrver of her life! What female heart could be insènsible to so much èxcellence! The affèctionate and assìduous attentions of William soon restòred Mary, in some degree, to her former health, and the chain that had so long detàined him, gathering new strength, he found (1) it impòssible to break a connexion that was already so dear to him.

All Franksburg talked of the courtship, and when I saw (2) William and Mary lead dòwn in the dance together, I could not help thinking (3) they were formed for each other.

I went (4) up to Franksburg last fall to visit my old friend, and to congràtulate him on the pùrposed connexion. It was one of those pleasant moonlight èvenings in the month of September, when I arrived at the gate, such as had always been enlìvened by the song and the dance, under the old elm by the door. But the sound of joy was no more heard on the green. William was gone; the cheek of the soldier was wet with anguish; and the wife of his bosom seemed fast declìning in sorrow to the grave.

Pale and dejected, Mary sat by the window, her head reclìning on her hand. Her eye mòistened by a tear, was fixed on

---

(1) *Found*, prétérit de *find*, trouver.
(2) *Saw*, du verbe *see*, voir.
(3) Je ne pouvais m'empêcher de penser.
(4) *Went*, prétérit de *go* aller.

vacancy, or wandered hèedlessly from object to object. Seduced by the man who saved her life, she was soon to become a-mother.

The old man took my hand — pressed it between his: — "O! this is an ungràteful world," said he. His heart swelled; he turned away to concèal his emotion. An aged mìssionary, whose hair was silvered with the frosts of seventy winters, endeavored to turn their affections to another world, and to lead them for consolation beyònd the tomb.

Ye vòtaries of pleasure; ye gay, ye wanton sedùcers of the fair, whom you should protect; O! could you have seen the cottage of poor Freeman, your ìnfamous trophies over delùded ìnnocence would have been scorpions to your cònsciences.

Such ruins — Hark! the watch dog annòunces a stranger! The door opened, and in a mòment we behèld William at the feet of her father. Mary shrieked and fainted. "I come, I come," said he, for forgìveness; "I come to offer all the reparation in my power. Not a mòment of hàppiness have I known since I left you."

Noble youth! thou hast set a pattern by thy retùrn to virtue worthy to be fòllowed.

UN-MARRYING MADE EASY.

Dean *** when resìding at a living (1) in the country, had occasion one day to unìte a rustic couple in the holy bands of màtrimony. The cèremony being over (2), the husband begàn to fall into a fit of repèntance, (as some husbands will) and said, "your Reverence has tied this knot tightly, I fancy; but, with your permission, may I ask your Reverence, if it were nècessary, you could untie it again?" "Why, no, replied the Dean, "we never do that at *this end* of the church; but I'll tell you how you may mànage it." "How?" "cried the man eagerly. "By just stepping to the *other end* of the church," said the Dean, pointing to the belfry, "there you'll find a rope, and may do it yoursèlf."

MOZART.

There is a very pleasing ànecdote told (3) of Mozart by an àmiable living musìcian, which shews how the sweetness of his genius went hand in hand (4) with his pràctical kindness, and how a man may turn any talent he possèsses to a benèvolent

(1) Lorsqu'il desservait une cure.
(2) Étant terminée.
(3) *Told*, du verbe *to tell*, dire, raconter.
(4) Allait de pair, côte à côte, familièrement.

account (1), where he is poor in other means of assìsting. His charity was asked one-day in the streets of Viènna, by a person who had known better days; and as the great musician knew (2) better how to heap up silver sounds than substance, he felt his pocket for the poor fellow in vain, unèasy at his want of money at such a moment, a thought suddenly struck (3) him; he asked the man to wait while he went into a tavern, where, calling for (4) pen and ink, he sat down, and compòsed on the spot (5) a minuet; then folding up the paper, he retùrned to his parishioner, and told him to carry it to a music pùblisher in the city, who would give him something when he saw the contents. The other did so accòrdingly; and recèived five double ducats. The minuet is worthy of the occasion. It is a singular mixture of science (which Mozart perhaps took a just pride in exhibiting at such a sudden call), and of that èxquisite natural beauty which smiles throughòut his works.

GENERAL WASHINGTON.

In 1777, while the Amèrican army lay (6) at Valley-forge, a good old quaker, of the name of Potts, had occasion to pass

---

(1) En faire un bon emploi.
(2) *Knew*, du verbe *know*, savoir, connaître.
(3) *Struck*, prétérit de *strike*, frapper.
(4) Demandant.
(5) Sur-le-champ.
(6) Était campée.

through a thick wood, near head-quarters (1). As he tràversed the dark-brown forest (2), he heard, at a distance, befòre him, a voice, which, as he advànced, becàme more and more fervid and interesting, appròaching with slowness and circumspection, whom should he behòld in a dark bower appàrently formed for the purpose, but (3) the Commander-in-Chief of the armies of the United States, on his knees, in an act of devotion to the Ruler of the Universe! — At the moment when Potts, concèaled by the trees, came up (4) Washington was intercèding for his belòved country. With tones of gratitude, that laboured for àdequate expression (5), he adored that exùberant goodness, which, from the depth of obscùrity had exalted him to the head of a great nation fighting at fearful odds (6) for what all the world holds dear. He utterly disclàimed all ability of his own for this àrduous cònflict; he wept (7) at the thought of that irretrìevable ruin which his mistàkes might bring on his country, and with a pàtriot's pathos, spreading the interests of unborn millions befòre the eye of Etèrnal Mercy, he implòred the aid of that arm, which guides the starry hosts. Soon as the General, having finished his devotions, had retired, Friend Potts

---

(1) Les quartiers-généraux.
(2) Forêt noire et obscure.
(3) Excepté.
(4) S'approcha.
(5) Qui avait de la peine pour trouver des expressions correspondantes.
(6) Avec tout le désavantage possible.
(7) *Wept*, prétérit de *weep*, pleurer.

retired to his house, and threw (1) himself in a chaïr by the side of his wife. "Isaac," said she, with tènderness, thou (2) seemest agitated; what is the matter?" "Indèed my dear," said he," if I appèar agitated, it is no more than what I am. I have seen this day what I shall never forgèt. But if George Washington be not a man of God, I am mistàken; and still more shall I be disappòinted, if God dò not, through him, perfòrm some great thing for this country."

REMARKABLE INSTANCE OF FIDELITY IN A SERVANT.

In the winter of the year 1770, Count and Countess Podotsky being on their way from Vienna to Cracow, the wolves, which are very nùmerous in the Carpathian mountains, and when the cold is very sevère are more bold and savage than ùsual, came down in hordes (3), and pursùed the carriage betwèen the towns of Oswiesk and Zator, the latter of which is only a few leagues from Cracow. Of two servants, one was sent befòre to bespèak (4) post-horses; the other, whom the Count particularly estèemed for his fidèlity, seeing the wolves còme nearer,

(1) *Threw*, prétérit de *throw*, jeter.
(2) Les Quakers tutoient tout le monde indifféremment.
(3) Descendire t par bandes.
(4) Commander.

begged his master to permìt him to leàve them his horse, by which their rage would, in some measure, be sàtisfied, and they should gain time to reach Zator. The Count consènted: the servant mounted behìnd the carrìage, and let his horse go, which was soon seized by the wolves, and torn into a thousand pieces. Meantime the tràvellers procèeded with all the speed they could, in hopes to reach the town, from which they were not very dìstant. But the horses were tired, and the wolves becòme more savage now they had once tasted blood, had almost overtaken the carriage. In this extrème necèssity, the servant cried out, "There is only one means of deliverance: I will go to meet the wolves, if you will swear to me to provìde as a father for my wife and children. I must perish; but while they fall upòn me, you will escàpe" Podotsky hèsitated to comply; but as there was no prospect of escàpe, he consènted, and solemnly vowed, that if he would sàcrifice himself for their safety, he would cònfidently provide for his family. The servant immèdiately got down (1), went to meet the wolves, and was devoured. The Count reached the gates of Zator, and was saved. The servant was a Pròtestant, his master a Catholic, and conscièntiously kept his word (2).

---

(1) Descendit.
(2) Tint sa parole.

CARDINAL MAZARIN.

The most hòrrible books were continually written against Cardinal Mazarin. He used to pretènd great anger (1), but cared very little abòut them (2), One day he ordered that all the copies that it was pòssible to find or collèct of these odious libels should be brought to him, in order, as he said, "that he might burn them." A great number were accòrdingly seized; and as soon as he got them into his possession (3), he, with the utmost coolness, privately *resold* them, by which he gained 10,000 crowns! He àfterwards laughed heartily. "The French people," he used to say, "are extrèmely good-natured (4). I let them write and sing, and they let me do what I please."

MARIE-ANTOINETTE.

One day, in the course of her promenades, the Queen met with an old woman, very infirm, seated at the foot of a tree, surròunded with many little children. This picture, which presènted to her Màjesty the two extrèmes of life, moved the gentle heart of Marie-Antoinette; she appròached the old

(1) Il avait coutume de simuler une grande colère.
(2) Il faisait très peu d'attention à eux.
(3) Aussitôt qu'il les avait eu son pouvoir.
(4) Le Français est naturellement bon.

woman, and, with her peculiar mildness (1), inquired and learned that they were all of one family, but that the intermediate generation had disappeared; that the poor little creatures had lost their father and mother, and had no other protection, but that which was afforded them by this good old grand-mother, who was groaning under the weight of years and indigence. The Queen immediately caused assistance to be rendered to them (2); and, with eyes melting at the scene (3), turning towards the youngest of them, said, "I take particular charge of this one, and will have it reared (4) under my own peculiar care." From that time the happy child was kept in the apartment of its royal benefactress: she played with it and loaded it with caresses.

THE DUKE D'ANGOULÊME.

The young Duke d'Angoulême, when (5) about nine years old, was one day occupied in reading in his apartment, when M. de Suffrein was announced to him. "Sir," said the young prince," I was reading the lives of illustrious men, and

(1) Avec la douceur qui lui était propre.
(2) La Reine ordonna qu'on les secourût.
(3) Les yeux baignés de larmes à ce spectacle.
(4) Et je le ferai élever.
(5) Il était, sous-entendu.

I lay aside (1) my book with pleasure to be gràtified with the sight of one of them."

SHERIDAN.

The versatility of his chàracter was surprìsing, and his resòurces in dìfficulties perhaps unpàralleled. In the midst of his distrèsses, he had one day invìted a party of friends to dine with him, amòngst whom were a few noblemen of the Opposition party; but, upon exàmining his cellar, a tèrrible deficiency was found. He was largely in debt to Chalier (2), the great wine-merchant, and for two years had been unable to obtàin from him any farther credit (3). He put his imaginàtion to work, and tried the follòwing expèdient: — He sent for Chalier on the day of the dinner in question, and told him, that luckily he was just in cash (4), and had desìred to settle his accoùnt (5). Chalier was much pleased; but told him, as he hàd it not about him (6), he would retùrn home and bring it with him. He was about to leave the room (7), when, as if upon a sudden recollection, Sheridan said, "Oh! Chalier, by

(1) Et je mis de côté.
(2) Il devait beaucoup à Chalier.
(3) Crédit plus long-temps.
(4) Qu'il avait de l'argent comptant.
(5) Solder son compte.
(6) Comme il ne l'avait pas sur lui.
(7) Il était sur le point de quitter la chambre.

the by (1), you must stop and dine with me to-day; I have a party to whom I will introduce you, — some leading members of both Houses." Chalier, who was fond of great company (2), and also hoped to meet with a recommendation, was obliged to Sheridan for the offer, and promised to be with him at the hour of dinner. Upon his return home, he informed the clerk of his cellars, that he was going to dine with Mr. Sheridan, and probably should not be home till it was late. Sheridan had fixed the hour at six to Chalier, but desired him to come before that time, as he had much to say to him in private. At about five o'clock Chalier came to his appointment; and he was no sooner in the house, than Sheridan sent off a servant with a note to the clerk, desiring him, as Mr. Chalier was favouring him with his company, to send as soon as possible three dozen of Burgundy, two dozen of claret, and two dozen of port, with a dozen of old hock. The clerk, knowing that his master was really at Sheridan's, and thinking that the order came with his concurrence, immediately obeyed it. After dinner, every body praised the fine qualities of Sheridan's wines, and all were desirous of knowing (3) who was his wine-merchant. Sheridan turning towards Chalier, said, "I am indebted to my friend here for all the wine you have tasted,

(1) En passant.
(2) Qui aimait le grand monde.
(3) Tous étaient curieux de savoir.

and am always proud to recommend him." Next morning Chalier discovered the trick, but whether he admired the adroitness of his customer or not may be easily imagined.

FENELON.

Who amongst all the modern writers is to be (1) more esteemed and admired than Monsieur Fenelon, Archbishop of Cambray, the author of Telemachus, whose piety, politeness, and humanity, were equal to his great learning? The following anecdote is related of him. Some German officers, who were prisoners at Cambray, were invited to dine with the Archbishop, whose table was always open to the officers of the French garrison, of which a certain number dined with him every day. The Germans, during the dinner, were continually calling for bumpers of wine (2). The French seemed to sneer at this behaviour of the German officers (3), and looked on them with a kind of contempt — which Monsieur Fenelon observing, called for a half pint of Burgundy (4) (which, perhaps, was more than he had ever taken at one meal before), and drank it off to the health of the prisoners. This was a handsome compliment to the Germans, and a proper reprimand to his

---

(1) Doit être.
(2) Les Allemands demandaient à chaque instant des rasades de vins.
(3) Les Français semblaient tourner sa conduite en dérision.
(4) Vin de Bourgogne.

own coùntrymen. But às soon as thè German officers were gone[10], he thus admònished the French gèntlemen : — "You should endèavour[6] to divest yoursèlves of all national prèjudices, and never condèmn the customs and manners of a foreign people[5], becàuse they are altogèther different from your own. I am a true Frenchman, and love[13] my country[13]; but I love mankind better thàn my country".

SUPERIORITY TO REVENGE.

The illùstrious Descartes used to say, that when he receìved an injury, he seated himself so high above[13] it, that it could not reach him.

NATIONAL VANITY.

In a very short conversation with the prìncipal of the Turkish Embassy, upòn being asked by his Excellency, if I had ever seen Constantinòple; and being answered in the nègative, he moved the position of his legs, reclined forward, and assùred, me, "I had then the world to see."

AN ABSTRACT OF

THE VAMPYRE.

It happened, that in the midst of the dissipations attendant upon a London winter, there appeared at the various parties of the leaders of the *ton* a nobleman, more remarkable for his singularities, than his rank. He gazed upon the mirth around him, as if he could not participate therein. Apparently, the light laughter of the fair (1) only attracted his attention, that he might by a look quell it, and throw fear into those breasts where thoughtlessness reigned. Those who felt this sensation of awe, could not explain whence it arose : some attributed it to the dead grey eye, which, fixing upon the object's face, did not seem to penetrate, and at one glance to pierce through to the inward workings of the heart (2), but fell upon the cheek with a leaden ray that weighed upon the skin it could not pass. His peculiarities caused him to be invited (3) to every house; all wished to see him; and those who had been accustomed to violent excitement, and now felt the weight of *ennui,* were pleased at having something in their presence capable of engaging their attention. In spite of the deadly hue of his face (4), which never gained a warmer tint, either from the blush of modesty, or from the strong emotion of passion, though its form and outline were beautiful, many of the female hunters after notoriety (5) attempted to win his attentions, and gain, at least, some marks of what they might term affection; Lady Mercer, who had been the mockery of every monster shewn in the drawing-rooms since her marriage, threw herself in his way, and did all but put on the dress of a mountebank (6), to attract his notice, — though in vain : — when she stood before him, though his eyes were apparently fixed upon hers, still it seemed as if they were unperceived — even her unappalled impudence was baffled, and she left the field. But though the common adulteress could not in-

(1) Le léger sourire de la beauté.

(2) D'un seul regard de pénétrer toutes les pensées que renfermait le cœur.

(3) Le firent inviter.

(4) La couleur cadavéreuse de son visage.

(5) Bon nombre de femmes qui courent après la célébrité.

(6) Elle faisait tout, excepté de s'habiller d'une manière extravagante (comme un charlatan).

fluence even the guidance of his eyes, it was not that the female sex was indifferent to him : yet such was the apparent caution with which he spoke to the virtuous wife and innocent daughter, that few knew he ever addressed himself to females. He had, however, the reputation of a winning tongue (1); and whether it was that it even overcame the dread of his singular character, or that they were moved by his apparent hatred of vice, he was as often among those females who form the boast of their sex from their domestic virtues, as among those who sully it by their vices.

As a contrast to this singular being, the story then introduces us to a young gentleman of an opposite and prepossessing character, of the name of AUBREY, handsome, frank, and rich. He was an orphan, with an only sister, possessed of immense wealth. Aubrey, soon after his arrival in London, was particularly struck, and irresistibly interested by Lord Ruthven; to whom he paid such attention, that he at length appeared to have won so far upon him (2), as to be recognised. He understood that his new and mysterious acquaintance, whose circumstances were somewhat embarrassed, was about to travel (3); and he made overtures to accompany him, which being at length accepted, they set out (4) for the continent. Here the writer gives us some further traits of the character of the misanthrope, which, as they are all of an unamiable, and not very interesting nature, we pass over, to observe, that Aubrey, who had closely watched his conduct, and endeavoured to comprehend his character and motives, formed the resolution of asking some explanation from his companion; but this he delayed to do, until some circumstances occurred, which afforded him that insight into the character of Lord Ruthven, which he had hitherto but imperfectly guessed at.

« They soon arrived at Rome, and Aubrey for a time lost sight of his companion; he left him in daily attendance upon the morning circle

---

(1) Un langage séducteur.

(2) D'avoir tellement gagné ses bonnes graces.

(3) Était sur le point de voyager.

(4) Ils partirent.

of an Italian countess, whilst he went in search of the memorials of another almost deserted city. Whilst he was thus engaged, letters arrived from England, which he opened with eager impatience : the first was from his sister, breathing nothing but affection; the others were from his guardians, the latter astonished him ; if it had before entered into his imagination that there was an evil power resident in his companion (1), these seemed to give him almost sufficient reason for the belief. His guardians insisted upon his immediately leaving his friend, and urged, that his character was dreadfully vicious, for that the possession of irresistible powers of seduction, rendered his licentious habits more dangerous to society. It had been discovered that his contempt for the adultress had not originated in hatred of her character; but that he had required, to enhance his gratification, that his victim, the partner of his guilt, should be hurled from the pinnacle of unsullied virtue, down to the lowest abyss of infamy and degradation : in fine, that all those females whom he had sought, apparently on account of their virtue, had, since his departure, thrown even the mask aside, and had not scrupled to expose the whole deformity of their vices to the public gaze.

Aubrey determined upon leaving one, whose character had not yet shown a single bright point on which to rest his eye. He resolved to invent some plausible pretext for abandoning him altogether, purposing, in the mean while, to watch him more closely, and to let no slight circumstance pass by unnoticed. He entered into the same circle, and soon perceived, that his Lordship was endeavouring to work on the inexperience (2) of the daughter of the lady at whose house he chiefly frequented. In Italy, it is seldom that an unmarried female is met with in society : he was therefore obliged to carry on his plans in secret; but Aubrey's eye followed him in all his windings; and soon discovered that an assignation had been appointed, which would most likely end in the ruin of an innocent, though thoughtless girl. Losing no time, he entered the apartment of Lord Ruthven, and abruptly asked him his intentions with respect to the lady, informing him at the same time that he was aware of his being about to meet her that very night (3). Lord Ruthven answered, that his intentions were such as he supposed all

(1) Que son compagnon avait un génie infernal.
(2) De profiter de l'inexpérience.
(3) Qu'il était sûr qu'il devait se trouver avec elle cette nuit même.

would have upon such an occasion; and upon being pressed whether he intended to marry her, merely laughed. Aubrey retired; and immediately writing a note, to say, that from that moment he must decline accompanying his Lordship in the remainder of their proposed tour, he ordered his servant to seek other apartments, and calling upon the mother of the lady (1), informed her of all he knew, not only with regard to her daughter, but also concerning the character of his Lordship. The assignation was prevented. Lord Ruthven next day merely sent his servant to notify his complete assent to a separation but did not hint any suspicion of his plans having been foiled by Aubrey's interposition.

Having left Rome, Aubrey directed his steps towards Greece, and, crossing the Peninsula, soon found himself at Athens. He then fixed his residence in the house of a Greek; and soon occupied himself in tracing the faded records of ancient glory upon monuments that, apparently ashamed of chronicling the deeds of freemen only before slaves, had hidden themselves beneath the sheltering soil or many coloured lichen. Under the same roof as himself, existed a being, so beautiful and delicate, that she might have formed the model for a painter wishing to pourtray on canvass the promised hope of the faithful in Mahomet's paradise, save that her eyes spoke too much mind for any one to think she could belong to those who had no souls. As she danced upon the plain, or tripped along the mountain's side, one would have thought the gazelle a poor type of her beauties, for who would have exchanged her eye, apparently the eye of animated nature, for that sleepy luxurious look of the animal suited but to the taste of an epicure. The light step of Ianthe often accompanied Aubrey in his search after antiquities, and often would the unconscious girl, engaged in the pursuit of a Kashmere butterfly, show the whole beauty of her form, floating as it were upon the wind, to the eager gaze of him, who forgot the letters he had just decyphered upon an almost effaced tablet in the contemplation of her sylph-like figure. Often would her tresses falling, as she flitted around, show in the sun's ray such delicately brilliant and swiftly fading hues, as might well excuse the forgetfulness of the antiquary who let escape from his mind the very object he had before thought of vital importance to the proper interpretation of a passage in Pausanias. But why attempt to describe charms which all feel, but none can appreciate? — It was innocence, youth, and beauty, unaffected by

---

(1) Et rendant visite à la mère de la jeune dame.

crowded drawing-rooms and stifling balls. Whilst he drew those remains of which he wished to preserve a memorial for his future hours, she would stand by, and watch the magic effects of his pencil, in tracing the scenes of her native place; she would then describe to him the circling dance upon the open plain, would paint to him in all the glowing colours of youthful memory, the marriage pomp she remembered viewing in her infancy; and then, turning to subjects that had evidently made a greater impression upon her mind, would tell him all the supernatural tales of her nurse. Her earnestness and apparent belief of what she narrated, excited the interest even of Aubrey; and often, as she told him the tale of the living vampyre, who had passed years amidst his friends and dearest ties, forced every year, by feeding upon the life of a lovely female, to prolong his existence for the ensuing months, his blood would run cold (1), whilst he attempted to laugh her out of such idle and horrible fantasies (2); but Ianthe cited to him the names of old men, who had at last detected one living among themselves, after several of their near relatives and children had been found marked with the stamp of the fiend's appetite; and when she found him so incredulous, she begged of him to believe her, for it had been remarked, that those who had dared to question their existence (3), always had some proof given, which obliged them, with grief and heart breaking, to confess it was true. She detailed to him the traditional appearance of these monsters, and his horror was increased, by hearing a pretty accurate description of Lord Ruthven; he, however, still persisted in persuading her, that there could be no truth in her fears, though at the same time he wondered at the many coincidences which had all tended to excite a belief in the supernatural power of Lord Ruthven.

Aubrey began to attach himself more and more to Ianthe, her innocence, so contrasted with all the affected virtues of the women among whom he had sought for his vision of romance, won his heart; and while he ridiculed the idea of a young man of English habits, marrying an uneducated Greek girl, still he found himself more and more attached to the almost fairy form before him. He would tear himself at times from her, and, forming a plan for some antiquarian

---

(1) Son sang se glaçait.

(2) Tandis qu'il s'efforçait de lui faire oublier ces contes mensongers et horribles, en s'en moquant.

(3) Mettre en doute leur existence.

research, he would depart, determined not to return until his object was attained; but he always found it impossible to fix his attention upon the ruins around him, whilst in his mind he retained an image that seemed alone the rightful possessor of his thoughts. Ianthe was unconscious of his love, and was ever the same frank infantile being he had first known. She always seemed to part from him with reluctance; but it was because she had no longer any one with whom she could visit her favourite haunts, whilst her guardian was occupied in sketching or uncovering some fragment which had yet escaped the destructive hand of time. She had appealed to her parents on the subject of Vampyres, and they both, with several present, affirmed their existence, pale with horror at the very name. Soon after, Aubrey determined to proeed upon one of his excursions, which was to detain him for a few hours: when they heard the name of the place, they all at once begged of him not to return at night, as he must necessarily pass through a wood, where no Greek would ever remain after the day had closed, upon any consideration. They described it as the resort of the Vampyres in their nocturnal orgies, and denounced the most heavy evils as impending upon him (1) who dared to cross their path. Aubrey made light of their representation (2), and tried to laugh them out of the idea (3); but when he saw them shudder at his daring thus to mock a superior, infernal power, the very name of which apparently made their blood freeze, he was silent.

Next morning Aubrey set off upon his excursion unattended; he was surprised to observe the melancholy face of his host, and was concerned to find that his words, mocking the belief of those horrible fiends, had inspired them with such terror. — When he was about to depart, Ianthe came to the side of his horse and earnestly begged of him to return, ere night allowed the power of these beings to be put in action — he promised. He was, however, so occupied in his research that he did not perceive that daylight would soon end, and that in the horizon there was one of those specks which in the warmer climates so rapidly gather into a tremendous mass and pour all their rage upon the devoted country. — He at last, however, mounted his horse, determined to make

---

(1) Et lui annoncèrent que les plus grands malheurs menaçaient celui.
(2) Ne fit aucun cas de leurs représentations.
(3) Et s'efforça de leur faire perdre cette idée en s'en moquant.

up by speed for his delay (1) : but it was too late. Twilight in these southern climates is almost unknown; immediately the sun sets, night begins; and ere he had advanced far, the power of the storm was above — its echoing thunders had scarcely an interval of rest — its thick heavy rain forced its way through the canopying foliage, whilst the blue forked lightning seemed to fall and radiate at his very feet. Suddenly his horse took fright, and he was carried with dreadful rapidity through the entangled forest. The animal at last, through fatigue, stopped, and he found by the glare of lightning, that he was in the neighbourhood of a hovel that hardly lifted itself up from the masses of dead leaves and brushwood which surrounded it. Dismounting, he approached, hoping to find some one to guide him to the town, or at least trusting to obtain shelter from the pelting of the storm. As he approached, the thunders, for a moment silent, allowed him to hear the dreadful shrieks of a woman mingling with the stifled exultant mockery of a laugh, continued in one almost unbroken sound; he was startled; but, roused by the thunder, which again rolled over his head, he with a sudden effort forced open the door of the hut. He found himself in utter darkness; the sound, however, guided him. He was apparently unperceived; for though he called, still the sounds continued, and no notice was taken of him. He found himself in contact with some one, whom he immediately seized, when a voice cried "again baffled," to which a loud laugh succeeded, and he felt himself grappled by one whose strength seemed superhuman : determined to sell his life as dearly as he could, he struggled; but it was in vain : he was lifted from his feet and hurled with enormous force against the ground : — his enemy threw himself upon him. and kneeling upon his breast, had placed his hands upon his throat, when the glare of many torches penetrating through the hole that gave light in the day, disturbed him — he instantly rose, and, leaving his prey, rushed through the door, and in a moment the crashing of the branches, as he broke through the wood, was no longer heard — The storm was now still; and Aubrey, incapable of moving, was soon heard by those without.—They entered; the light of their torches fell upon the mud walls, and the thatch loaded, on every individual straw, with heavy flakes of soot. At the desire of Aubrey they searched for her who had attracted him by her cries; he was again left in darkness; but what was

(1) Déterminé à rattraper par la vitesse le temps perdu.

his horror, when the light of the torches once more burst upon him, to perceive the airy form of his fair conductress brought in a lifeless corse. He shut his eyes, hoping that it was but a vision arising from his disturbed imagination; but he again saw the same form, when he unclosed them, stretched by his side. There was no colour upon her cheek, not even upon her lip : yet there was a stillness about her face that seemed almost as attaching as the life that once dwelt there : upon her neck and breast was blood, and upon her throat were the marks of teeth having opened the vein : to this the men pointed, crying, simultaneously struck with horror, « a Vampyre, a Vampyre! » A litter was quickly formed, and Aubrey was laid by the side of her who had lately been to him the object of so many bright and fairy visions, now fallen with the flower of life that had died within her. He knew not what his thoughts were—his mind was benumbed and seemed to shun reflection and take refuge in vacancy — he held almost unconsciously in his hand a naked dagger, of a particular construction, which had been found in the hut. They were soon met by different parties who had been engaged in the search of her whom a mother had soon missed. Their lamentable cries, as they approached the city, forewarned the parents of some dreadful catastrophe. To describe their grief would be impossible; but when they ascertained the cause of their child's death, they looked at Aubrey and pointed to the corpse. They were inconsolable; both died broken hearted. »

The story then states, that Aubrey, in consequence of the agitation caused by this frightful catastrophe, was seized with a raging fever; in the paroxysms of which he would often call upon the names of Ianthe and Lord Ruthven, whose images were associated together in his distempered mind; when his late mysterious companion arrived at Athens, and became an inmate in the same house. Aubrey, on "recovering from his delirium, was horrified and startled at the sight of him, whose image he now combined with that of a Vampyre!" Lord Ruthven, however, by the secret and irresistible influence, with which the author has invested him, soon reinstated himself in the friendship of the ingenuous and unsuspecting Aubrey, who now "determined to fly from scenes, every feature of which created such bitter associations in his mind; and he proposed to Lord Ruthven that they should visit those parts of Greece neither of them had yet seen." On their way they had an adventure with banditti, in which Lord Ruthven was mortally wounded, and their servants having taken flight, they found all further resistance useless, and surrendered themselves. The death of Lord Ruthven is then described in the following passage : —

" By promises of great reward, Aubrey soon induced them to convey his wounded friend to a neighbouring cabin, and having agreed upon a ransom, he was no more disturbed by their presence, they being content to merely guard the entrance, till their comrade should return with the promised sum, for which he had an order. Lord Ruthven's strength rapidly decreased; in two days mortification ensued, and death seemed advancing with hasty steps. — His conduct and appearance had not changed; he seemed as unconscious of pain as he had been of the objects about him; but towards the close of the last evening his mind became apparently uneasy, and his eye often fixed upon Aubrey, who was induced to offer his assistance with more than usual earnestness — " Assist me! you may save me — you may do more than that — I mean not my life, I heed the death of my existence as little as that of the passing day; but you may save my honour. " — " How, tell me how? I would do any thing, " replied Aubrey. " I need but little — my life ebbs apace (1) — I cannot explain the whole — but if you would conceal all you know of me, my honour were (2) free from stain in the world's mouth — and if my death were unknown for some time in England — I — I — but life. " — " It shall not be known. " — " Swear! " cried the dying man, raising himself with exultant violence, " Swear by all your soul reveres, by all your nature fears, swear that for a year and a day you will not impart your knowledge of my crimes or death to any living being in any way, whatever may happen, or whatever you may see. " — His eyes seemed bursting from their sockets (3) : "I swear!" said Aubrey; he sunk laughing upon his pillow and breathed no more.

Aubrey retired to rest, but did not sleep, the many circumstances attending his acquaintance with this man rose upon his mind, and he knew not why; when he remembered his oath a cold shivering came

---

(1) Ma vie s'en va grand train.

(2) *Were*, pour *would be*.

(3) Ses yeux semblaient sortir de leurs orbites.

over him, as if from the presentiment of something horrible awaiting him. Rising early in the morning, he was about to enter the hovel in which he had left the corpse, when a robber met him, and informed him that is was no longer there, having been conveyed by himself and comrades, upon his retiring, to the pinnacle of a neighbouring mount, according to a promise they had given his lordship, that it should be exposed to the first cold ray of the moon that rose after his death. Aubrey, astonished, and taking several of the men, determined to go and bury it upon the spot where it lay. But, when he had mounted to the summit, he found no trace of either the corpse or the clothes, though the robbers swore they pointed out the identical rock on which they had laid the body. For a time his mind was bewildered in conjectures, but he at last returned, convinced that they had buried the corpse for the sake of the clothes.

Weary of a country in which he had met with such terrible misfortunes, and in which all apparently conspired to heighten that superstitious melancholy that had seized upon his mind, he resolved to leave it, and soon arrived at Smyrna. While waiting for a vessel to convey him to Otranto, or to Naples, he occupied himself in arranging those effects he had with him belonging to Lord Ruthven. Amongst other things there was a case containing several weapons of offence, more or less adapted to ensure the death of the victim. There were several daggers and ataghans. Whilst turning them over, and examining their curious forms, what was his surprise at finding a sheath apparently ornamented in the same style as the dagger discovered in the fatal hut; he shuddered; hastening to gain further proof, he found the weapon, and his horror may be imagined when he discovered that it fitted, though peculiarly shaped, the sheath he held in his hand. His eyes seemed to need no further certainty — they seemed gazing to be bound to the dagger; yet still he wished to disbelieve; but the particular form, the same varyng tints upon the haft and sheath were alike in splendour on both, and left no room for doubt; there were also drops of blood on each.

He left Smyrna, and on his way home, at Rome, his first inquires were concerning the lady he had attempted to snatch from Lord Ruthven's seductive arts. Her parents were in distress, their fortune ruined, and she had not been heard of since the departure of his lordship. Aubrey's mind became almost broken under so many repeated horrors; he was afraid that this lady had fallen a victim to the destroyer of Ianthe. He became morose and silent, and his only occupation consisted in urging the speed of the postillions, as if he were going to save the life of some one he held dear. He arrived at Calais ; a breeze, which seemed obedient to his will, soon wafted him to the English shores; and he hastened to the mansion of his fathers, and there, for a moment appeared to lose, in the embraces and caresses of his sister, all memory of the past. If she before, by her infantine caresses, had gained his affection, now that the woman began to appear, she was still more attaching as a companion.

We are now introduced to Miss Aubrey, the sister of the unfortunate youth ; she is described as being all beauty, and just eighteen ; but as our fair readers will be so good as to imagine all her perfections, which we must pass over, to get to the scene of the drawing room (1), in which this interesting female was to be presented to the world.

« The crowd was excessive — a drawing-room had not been held for a long time, and all who were anxious to bask in the smile of royalty (2), hastened thither. Aubrey was there with his sister. While he was standing in a corner by himself, heedless of all around him, engaged in the remembrance that the first time he had seen Lord Ruthven was in that very place — he felt himself suddenly seized by the arm, and a voice he recognized too well, sounded in his ear — « Remember your oath. » He had hardly courage to turn, fearful of seeing a spectre that would blast him (3), when he perceived, at a little distance, the same figure which had attracted his notice on this spot upon his first entry into society. He gazed till his limbs almost refusing to bear their weight, he was obliged to take the arm of a friend, and forcing a passage through the crowd, he threw himself into his carriage, and was driven home. He paced the room with hurried steps, and fixed his hands upon his head, as if he were afraid his thoughts were bursting from his brain (4). Lord Ruthven again before him — circumstances started up in dreadful array (5) — the dagger — his oath. — He roused himself, he could not

---

(1) L'assemblée de la Cour.
(2) Venir se réchauffer au sourire de la royauté.
(3) Qui l'anéantirait.
(4) Comme s'il eût craint que ses pensées ne s'élançassent de son cerveau.
(5) Les choses se présentaient sous un aspect effrayant.

believe it possible — the dead rise again ! — He thought his imagination had conjured up the image his mind was resting upon. It was impossible that it could be real — he determined, therefore, to go again into society ; for though he attempted to ask concerning Lord Ruthven, the name hung upon his lips, and he could not succeed in gaining information. He went a few nights after with his sister to the assembly of a near relation. Leaving her under the protection of a matron, he retired into a recess, and there gave himself up to his own devouring thoughts. Perceiving, at last, that many were leaving, he roused himself, and entering another room, found his sister surrounded by several, apparently in earnest conversation ; he attempted to pass and get near her, when one, whom he requested to move, turned round, and revealed to him those features he most abhorred. He sprung forward, seized his sister's arm, and, with hurried step, forced her towards the street : at the door he found himself impeded by the crowds of servants who were waiting for their lords ; and while he was engaged in passing them, he again heard that voice whisper close to him — « Remember your oath ! » — He did not dare to turn, but, hurrying his sister, soon reached home.

Aubrey became almost distracted (1). If before his mind had been absorbed by one subject, how much more completely was it engrossed, now that the certainty of the monster's living again pressed upon his thoughts. His sister's attentions were now unheeded, and it was in vain that she intreated him to explain to her what had caused his abrupt conduct. He only uttered a few words, and those terrified her. The more he thought, the more he was bewildered. His oath startled him ; — was he then to allow this monster to roam, bearing ruin upon his breath, amidst all he held dear, and not avert its progress? His very sister might have been touched by him. But even if he were to break his oath, and disclose his suspicions, who would believe him ? He thought of employing his own hand to free the world from such a wretch ; but death, he remembered, had been already mocked. For days he remained in this state, shut up in his room, he saw no one, and ate only when his sister came, who, with eyes streaming with tears, besought him, for her sake, to support nature. At last, no longer capable of bearing stillness and solitude, he left his house, roamed from street to street, anxious to fly that image which haunted him. His dress became

(1) Aubrey devint presque fou.

neglected, and he wandered, as often exposed to the noon-day sun as to the midnight damps. He was no longer to be recognised; at first he returned with the evening to the house; but at last he laid him down to rest wherever fatigue overtook him. His sister, anxious for his safety, employed people to follow him; but they were soon distanced by him who fled from a pursuer swifter than any—from thought. His conduct, however, suddenly changed. Struck with the idea that he left by his absence the whole of his friends, with a fiend amongst them, of whose presence they were unconscious, he determined to enter again into society, and watch him closely, anxious to forewarn, in spite of his oath, all whom Lord Ruthven approached with intimacy. But when he entered into a room, his haggard and suspicious looks were so striking, his inward shuddering so visible, that his sister was at last obliged to beg of him to abstain from seeking, for her sake, a society which affected him so strongly. When, however, remonstrance proved unavailing, the guardians thought proper to interpose, and, fearing that his mind was becoming alineated, they thought it high time to resume again that trust which had been before imposed upon them by Aubrey's parents.

Desirous of saving him from the injuries and sufferings he had daily encountered in his wanderings, and of preventing him from exposing to the general eye those marks of what they considered folly, they engaged a physician to reside in the house, and take constant care of him. He hardly appeared to notice it, so completely was his mind absorbed by one terrible subject. His incoherence became at last so great, that he was confined to his chamber. There he would often lie for days incapable of being roused. He had become emaciated, his eyes had attained a glassy lustre; — the only sign of affection and recollection remaining displayed itself upon the entry of his sister: then he would sometimes start, and, seizing her hands, with looks that severely afflicted her, he would desire her not to touch him. « Oh, do not touch him — if your love for me is aught, do not go near him! » When, however, she inquired to whom he referred, his only answer was — « True! true! » and again he sank into a state, whence not even she could rouse him. This lasted many months: gradually, however, as the year was passing, his incoherences became less frequent, and his mind threw off a portion of its gloom, whilst his guardians observed, that several times in the day he would count upon his fingers a definite number, and then smile.

The time had nearly elapsed, when, upon the last day of the year, one of his guardians entering his room, began to converse with his physician upon the melancholy circumstance of Aubrey's being in so awful a situation when his sister was going next day to be married. Instantly Aubrey's attention was attracted; he asked anxiously to whom. Glad of this mark of returning intellect, of which they feared he had been deprived, they mentioned the name of the Earl of Marsden. Thinking this was a young earl whom he had met with in society, Aubrey seemed pleased, and astonished them still more by his expressing his intention to be present at the nuptials, and desiring to see his sister. They answered not, but in a few minutes his sister was with him. He was apparently again capable of being affected by the influence of her lovely smile; for he pressed her to his breast, and kissed her cheek, wet with tears, flowing at the thought of her brother's being once more alive to the feelings of affection. He began to speak with all his wonted warmth, and to congratulate her upon her marriage with a person so distinguished for rank and every accomplishment; when he suddenly perceived a locket upon her breast; opening it, what was his surprise at beholding the features of the monster who had so long influenced his life. He seized the portrait in a paroxysm of rage, and trampled it under foot (1). Upon her asking him why he thus destroyed the resemblance of her future husband, he looked as if he did not understand her—then seizing her hands, and gazing on her with a frantic expression of countenance, he bade her swear that she would never wed this monster, for he—But he could not advance—it seemed as if that voice again bade him remember his oath—he turned suddenly round, thinking Lord Ruthven was near him, but saw no one. In the meantime the guardians and physician, who had heard the whole, and thought this was but a return of his disorder, entered, and forcing him from Miss Aubrey, desired her to leave him. He fell upon his knees to them, he implored, he begged of them to delay but for one day. They, attributing this to the insanity they imagined had taken possession of his mind endeavoured to pacify him, and retired.

Lord Ruthven had called the morning after the drawing-room, and had been refused with every one else. When he heard of Aubrey's ill health, he readily understood himself to be the cause of it: but when he learned that he was deemed insane, his exultation and pleasure could hardly be concealed from those among whom he had gained this information. He hastened to the house of his former companion, and, by

---

(1) Et le foula aux pieds.

constant attendance, and the pretence of great affection for the brother and interest in his fate, he gradually won the ear of Miss Aubrey. Who could resist his power? His tongue had dangers and toils to recount — could speak of himself as of an individual having no sympathy with any being on the crowded earth, save with her to whom he addressed himself; — could tell how, since he knew her, his existence had begun to seem worthy of preservation, if it were merely that he might listen to her soothing accents; — in fine, he knew so well how to use the serpent's art, or such was the will of fate, that he gained her affections. The title of the elder branch falling at length to him, he obtained an important embassy, which served as an excuse for hastening the marriage, (in spite of her brother's deranged state) which was to take place the very day before his departure for the continent.

Aubrey, when he was left by the physician and his guardian, attempted to bribe the servants, but in vain. He asked for pen and paper; it was given him; he wrote a letter to his sister; conjuring her, as she valued her own happiness, her own honour, and the honour of those now in the grave, who once held her in their arms as their hope and the hope of their house, to delay but for a few hours, that marriage, on which he denounced the most heavy curses. The servants promised they would deliver it; but giving it to the physician, he thought it better not to harrass any more the mind of Miss Aubrey, by what he considered the ravings of a maniac. Night passed on without rest to the busy inmates of the house; and Aubrey heard, with a horror that may more easily be conceived than described, the notes of busy preparation. Morning came, and the sound of carriages broke upon his ear (1). Aubrey grew almost frantic. The curiosity of the servants at last overcame their vigilance, they gradually stole away, leaving him in the custody of a helpless old woman. He seized the opportunity, with one bound was out of the room, and in a moment found himself in the apartment where all were nearly assembled. Lord Ruthven was the first to perceive him: he immediately approached, and, taking his arm by force, hurried him from the room, speechless with rage. When on the staircase, Lord Ruthven whispered in his ear — « Remember your oath, and know, if not my bride to-day, your sister is dishonoured. Women are frail! » So saying, he pushed him towards his attendants, who, roused by the old woman, had come in search of him. Aubrey

---

(1) Vint frapper ses oreilles.

could no longer support himself; his rage, not finding vent, had broken a blood–vessel, and he was conveyed to bed. This was not mentioned to his sister, who was not present when he entered, as the physician was afraid af agitating her. The marriage was solemnized, and the bride and bridegroom left London.

Aubrey's weakness increased; the effusion of blood produced symptoms of the near approach of death. He desired his sister's guardians might be called, and when the midnight hour had struck, he related composedly what the reader has perused — he died immediately after.

The guardians hastened to protect Miss Aubrey; but when they arrived it was too late. Lord Ruthven had disappeared, and Aubrey's sister had glutted the thirst of a Vampyre!

QUATRIÈME PARTIE.

RÈGLES DE LA PRONONCIATION, DE L'ACCENT ET DE LA QUANTITÉ. — INTRODUCTION A LA LANGUE ANGLAISE, ET OBSERVATIONS SUR LA DÉRIVATION DES MOTS ANGLAIS.

CHAPITRE PREMIER.

RÈGLES DE LA PRONONCIATION.

SECTION PREMIÈRE.

SONS DES VOYELLES, ET RÈGLES POUR LES DISTINGUER.

Toute voyelle a un son; les unes ont un son *long* ou *bref*, les autres un son *moyen* ou *ouvert*, et toutes ont des sons *irréguliers*. Nous allons les examiner sous ces cinq divisions.

RÈGLE PREMIÈRE.

PREMIÈRE DIVISION.

Sons longs des voyelles.

Toutes les voyelles ont le son long dans les deux cas suivans:

1°. Dans les mots qui se terminent par une seule consonne, et par un E muet.

EXEMPLE.

Cake, here, dine, tone, muse,
name, these, fine, robe, pure,
Tamely, fineness, useful.

EXCEPTIONS.

En A.

L'A est bref dans les mots *lade, have*; il a le son moyen dans le mot *are*, et la plupart des mots qui se terminent en AGE, comme *cabbage*, *village*, se prononcent comme s'ils étaient écrits *cabbidge, villidge.*

En E.

E est bref dans *were, therefore.*

En O.

O est bref dans *gone, shone;* il prend le son de l'U bref dans *dove, love, glove, shove, done, none, some, come.*

En I.

I est bref dans *give, live,* et dans beaucoup de mots qui se terminent en IVE et ITE, comme *narrative, favourite.*

2°. A la fin des monosyllables, la voyelle est longue lorsqu'on la prononce, comme : *he, me, thy, my, so, no.* Il faut en excepter les sons moyens des voyelles, comme *do, to,* etc., qu'il faut prononcer comme s'ils étaient écrits *dou, tou.*

RÈGLE II.

DEUXIÈME DIVISION.

Sons brefs des voyelles.

Toutes les voyelles ont le son bref dans les deux cas suivans :

1°. Dans les monosyllabes qui finissent par une ou deux consonnes.

Bat,	bed,	bit,	not,	nut,
task,	lend,	fish,	song,	furl.

EXCEPTIONS.

En I.

I est long dans les mots où LD, ND, GHT, GH suivent la voyelle, comme

Mild,	mind,	might,	high,
child,	blind,	right,	sign.

Le mot *wind* (vent) se prononce bref dans le style familier, et long dans le style élevé et dans la poésie.

En **O**.

O est long dans

Droll,	ford,	fort,	host,	torn,
roll,	sword,	port,	most,	worn,
scroll,		sport,	post,	sworn,

et dans tous les mots où LD et LT suivent la voyelle, comme

Bold,	gold,	bolt,	dolt,
cold,	sold,	colt,	jolt.

Il faut aussi en excepter les mots qui renferment les sons moyens et ouverts des voyelles, comme

Balm, bath, ball, bald, etc. (*Voyez la* 3e. *division, nos*. 2 et 3.)

2°. Les voyelles sont aussi brèves dans les monosyllabes qui se terminent par deux consonnes et par un E muet, comme :

Chance,	hedge,	mince,	lodge,	drudge,
dance,	wedge,	hinge,	dodge,	grudge.

EXCEPTIONS.

En **A**.

A a le premier son (*Voyez le tableau*) dans tous les mots où ST, NG et TH se trouvent devant l'E muet, comme

Haste,	change,	bathe,
paste,	strange,	lathe.

En **O**.

O a le 9e. son du tableau dans

Bore, force, forge.

RÈGLE III.

TROISIÈME DIVISION.

Sons moyens des voyelles A, O, U, *qui se trouvent dans les mots* FAR, MOVE, PULL.

(Consultez le Tableau pour les sons de ces voyelles.)

A.

A a le son moyen dans les cas suivans :

1°. Quand il se trouve devant un R dans les monosyllabes, comme

Bar, carp, mark, dark, lark, etc.

Mais si l'R est doublé pour former une autre syllabe, la voyelle A est brève, comme *carry, marry*.

2°. A a le son moyen quand il est suivi de LM, comme *calm, palm, psalm*, excepté *qualm*, qui a le 4e. son du tableau.

3°. A a encore le son moyen quand il est suivi de LF, LVE, ou du TH fort, comme *calf, half, salve, bath, path; hath* et *wrath* ont la voyelle brève. (Voyez 2e. son du tableau.)

O.

O a le son moyen dans les mots suivans, *prove, move, do, ado, lose, who, whom, womb, tomb*, etc.

U.

U a le son moyen dans les mots suivans: *bull, pull, full*, et dans leurs composés, comme *bullock, fulfil, delightful*, etc.

Dans les mots *puss, push, bush, bushel, pulpit, bullion, butcher, cushion, pudding, sugar*, etc.

RÈGLE IV.

QUATRIÈME DIVISION.

Son ouvert de A.

(Voyez le 4e. son du tableau.)

A a le son ouvert dans les cas suivans :

1°. Quand il est suivi de deux L, comme *all, call, fall, tall, small*; excepté *shall*, qui a le 2e. son du tableau.

2°. A a le son ouvert quand il est suivi d'un L et d'une autre consonne, comme *salt, bald, false*. Si l'L est suivi de P, B, F ou V, l'A n'a pas le son ouvert : comme *alps, calf, salve*, etc.

3°. A a encore le son ouvert quand il se trouve entre le W et l'R, comme *war, wart, swarm*.

4°. Enfin, A a le son ouvert dans les mots dérivés des monosyllabes qui finissent en LL, comme *albeit, almost, also.*

Quand L termine une syllabe et commence une seconde, l'A se prononce bref, comme *alley, valley,* etc.

RÈGLE V.

CINQUIÈME DIVISION.

Sons irréguliers des voyelles.

(Voyez le tableau.)

A.

1°. A se prononce comme O bref (10e. son du tableau), lorsqu'il est précédé d'un W et suivi d'une seule consonne dans la même syllabe : comme *wallow, swallow,* etc. ; ou de deux consonnes, comme *want, wast, wasp,* etc. Il faut excepter les mots où l'A est suivi de K, G, X, SK, NG, NK ou F.

2°. A se prononce comme E bref (6e. son du tableau) dans les mots suivans : *any, many, thames, says, said.*

3°. A se prononce comme I bref (8e. son du tableau) dans un grand nombre de mots qui se terminent en AGE, quand il n'est pas accentué, comme *cabbage, village, coinage,* etc.

E.

1°. E a le son de l'A long (1er. son du tableau) dans ces mots : *there, where, ere.*

2°. E a le son de l'A moyen (3e. son du tableau) dans les mots *clerk, serjeant.*

3°. E se prononce comme I bref (8e. son du tableau) dans ces mots : *yes, pretty, England,* et dans plusieurs syllabes finales qui ne sont pas accentuées, comme *faces, praises, linen, fuel, duel, gruel,* etc.

4°. E se prononce comme U bref (13e. son du tableau) dans le mot HER, et dans la terminaison ER non accentuée : comme *writer, reader, suffer, garter.*

I.

1°. I a le son de E long (5e. son du tableau) dans beaucoup de mots tirés des langues étrangères : comme

Antique,	routine,	machine,
Brazil,	fatigue,	magazine,
caprice,	intrigue,	marine,
quarantine,	invalid,	police.

2°. I se prononce comme U bref (13e. son du tableau) quand il se trouve devant un R suivi d'une autre consonne : comme

bird,	dirt,	thirst,	
birth,	gird,	girt,	skirt,
firm,	girl,	mirth,	whirl.

O.

1°. O se prononce ordinairement comme A ouvert (4e. son du tableau) quand il est suivi d'un R : comme

morn,	horn,	adorn,	for,
scorn,	thorn,	exhort,	formerly.

2°. O se prononce comme U bref (13e. son du tableau) dans plusieurs mots, comme

monk,	some,	among,	comfort,
month,	ton,	brother,	covenant,
shove,	worm,	colour,	somerset.

U.

1°. U se prononce comme E bref (6e. son du tableau) dans ces mots : *bury, burial, burier.*

2°. U se prononce comme I bref (8e. son du tableau) dans ces mots : *busy, business.*

3°. U se prononce comme O moyen (11e. son du tableau) lorsqu'il est précédé de R : comme

crude,	rule,	prude,	truth,
rude,	brute,	prune,	truce.

SECTION II.

SONS GÉNÉRAUX DES PRINCIPALES DIPHTHONGUES.

RÈGLE VI.

OI, OY.

On prononce ces deux voyelles, dans les mots où elles se trouvent, comme *boil, toil, soil, boy, coy, toy*. Le son de ces diphthongues est celui de A ouvert dans le mot HALL, et de E long dans le mot ME.

RÈGLE VII.

OU, OW.

OU et OW se prononcent aussi séparément, comme *mouse, spout, house, doubt : cow, vow, town, round.* Le son de ces diphthongues est celui de A ouvert dans le mot HALL, et de U moyen dans le mot BULL.

EXCEPTIONS.

Il n'y a pas de voyelle ni de diphthongue qui présentent une si grande variété de sons que la diphthongue OU. Le son ordinaire de cette diphthongue est celui que nous avons donné ci-dessus. Voici une liste de mots les plus nécessaires à connaître et dont la prononciation s'écarte de la règle générale.

Elle se prononce comme **U** bref (13e. son du tableau) dans les mots suivans :

Cousin,	double,	nourish,	trouble.
Couple,	enough,	rough,	tough.
Courteous,	flourish,	southerly,	touch.
Courage,	journal,	scourge,	young,

Comme **O** moyen (11e. son du tableau).

Group,	tour,	your,	youth.
Soup,	through,	you,	wound.

Comme **O** long (9^{e}. son du tableau).

Borough,	four,	resource,	soul.
Bourn,	mourn,	recourse,	shoulder.
Court,	mould,	poulterer,	though.
Course,	mouldy,	source,	poultice.

Comme **A** ouvert (4^{e}. son du tableau), où elle est suivie de **GH**.

Bought,	fought,	ought,	thought.
Brought,	nought,	sought,	wrought.

Comme **U** moyen (14e. son du tableau), dans ces trois verbes auxiliaires could, should et would.

Comme **O** bref (10e. son du tableau) dans les deux mots *cough* et *trough,* qu'il faut prononcer *cof, trof.*

OW se prononce à la fin des monosyllabes suivantes comme **O** long (9e. son du tableau).

Blow,	glow,	owe,	show,
Bow,	know,	own,	snow,
Crow,	low,	row,	slow,
Flow,	mow,	sow,	throw.

Elle se prononce de même dans une syllable finale qui n'est pas accentuée comme,

Borrow,	fellow,	mellow,	sorrow,
Billow,	morrow,	pillow,	tallow.

RÈGLE VIII.

AI, AY, EI et EY.

Ces diphthongues se prononcent comme A long (1er. son du tableau). Comme :

Pail,	day,	vein,	prey,
sail,	say,	eight,	they,
tail,	way,	weight,	obey.

EXCEPTIONS.

AI se prononce comme **A** bref (2e. son du tableau) dans *plaid*, *raillery*.

Comme **E** bref (6e. son du tableau) dans *said*, *again*, *against*.

Comme **I** bref (8e. son du tableau) dans une syllable qui n'est pas accentuée, comme *fountain*, *captain*, *curtain*.

EI se prononce comme **E** long (5e. son du tableau) dans *either*, *neither*, *ceiling*, *deceit*, *receive*, et quelques autres mots.

Comme **I** long (7e. son du tableau) dans *height*, *sleight*.

Comme **I** bref (8e. son du tableau) dans une syllable qui n'est pas accentuée comme *foreign*, *forfeit*, *surfeit*.

EY se prononce comme **E** long quand elle n'est pas accentuée, comme *alley*, *barley*, *valley*.

Dans le mot *key* elle se prononce comme **E** long (5e. son du tableau).

RÈGLE IX.

EA, EE, IE.

EA, EE, IE ont le son de E long (5e. son du tableau).

Bean,	beer,	chief,
cream,	feet,	grief,
please,	steel,	belief.

EXCEPTION.

EA se prononce souvent comme **E** bref (6e. son du tableau). Voici la liste des mots dont on se sert le plus souvent :

Bread,	earnest,	learn,	spread,
Breadth,	earth,	leather,	stead,
Breakfast,	endeavour,	meadow,	steady,
Breast,	feather,	measure,	stealth,
Breath,	head,	pearl,	sweat,
Cleanse,	health,	peasant,	thread,
Cleanly,	heard,	pheasant,	threat,
Dead,	hearse,	pleasant,	treachery,
Deaf,	heaven,	pleasure,	tread,

Dearth,	heavy,	realm,	treasure,
Earl,	jealous,	ready,	wealth,
Early,	instead,	rehearse,	weapon,
Earn,	lead (*plomb*),	search,	weather, zealous.

Elle a le son moyen de **A** (3e. son du tableau) dans ces mots *heart, hearth, hearken.* Cette diphthongue se prononce comme **A** long (1er. son du tableau) dans ces mots *bear, great, tear* (déchirer), *pear, swear, wear, steak.*

IE se prononce comme **I** long à la fin des monosyllabes. (7e son du tableau), comme *die, lie, fie, tie.*

EE se prononce comme **I** bref dans le mot *been* (été).

RÈGLE X.

OA, OE.

OA et OE ont le son de O long (9e. son du tableau), comme *boat, coat, oats, loaf, doe, toe, foe.*

EXCEPTION.

OA se prononce comme **A** ouvert (4e. son du tableau) dans ces mots *broad, abroad, groat.*

OE a le son moyen de **O** (11e. son du tableau) dans *shoe* et *canoe*, et de **U** bref (13e. son du tableau) dans le mot *does.*

RÈGLE XI.

EU, EW et UE.

Ces diphthongues prennent le son de U long (12e. son du tableau), comme *feud, deuce; dew, new, few; due, blue, hue, rue.*

EXCEPTION.

EW a le son de **O** long (9e. son du tableau) dans le mot *sew.*

Cette diphthongue a le son de **O** moyen (11e. son du tableau) lorsqu'elle est précédée d'un **R**, comme *brew, crew, drew.*

UE a quelquefois le son de **E** bref (6e. son du tableau) comme *guess, guest, quest*. Après **R**, elle a le son de **O** moyen (11e. son du tableau) comme *rue, true, imbrue*.

RÈGLE XII.

AU, AW.

AU et AW se prononcent comme A ouvert (4e. son du tableau), comme *Paul, taught, caught, law, bawl, crawl*.

EXCEPTION.

Quand **AU** est suivie d'un **N** et d'une autre consonne, elle a le son moyen de **A** (3^e^. son du tableau), comme *aunt, haunt, launch*.

Elle a aussi le même son dans les mots *laugh, laughter, draught*. (**GH** a le son de **F**).

Dans les mots *cauliflower, laurel et laudanum ;* elle prend le son de **O** bref (10^e^. son du tableau). Elle se prononce comme **A** long (1er. son du tableau) dans le mot *guage*.

RÈGLE XIII.

OO.

OO a le son de O moyen (11^e^. son du tableau), comme *food, fool, soon, moon, room*.

Cette diphthongue a le son de U moyen (14^e^. son du tableau) dans les mots suivans :

Foot,	good,	wool,
hood,	wood,	stood.

Elle a le son de **U** bref (13^e^. son du tableau) dans les mots *flood, blood*.

Et le son de O long (9^e^. son du tableau) dans les mots *door, floor*.

SECTION III.

SONS DES CONSONNES.

RÈGLE XIV.

C.

C a le son dur; il prend celui de K devant les voyelles A, O et U, comme *card*, *cord*, *curd*.

Il a le son doux, celui de S, devant E, I et Y, comme *cedar*, *city*, *cyprus*.

C a le son d'un Z dans les mots *suffice*, *discern*, *sacrifice*.

Il a le son de CH dans la terminaison d'un mot, quand E et I sont suivis d'une autre voyelle, comme *Ocean*, *special*, *delicious*, qu'il faut prononcer *Ocheunne*, *specheull*, *delicheuss*.

RÈGLE XV.

D.

D se prononce souvent comme un T dans la terminaison abrégée ED, comme *stuffed*, *hissed*, *touched*, *mixed*, qu'il faut prononcer *stufft*, *hisst*.

D se prononce comme DGE, dans *soldier*, *grandeur*, *verdure*, *education*.

RÈGLE XVI.

G.

G a le son dur devant A, O, U, L et R. Exemple : *game*, *gone*, *glory*, *grandeur*. Il a le son doux devant E, I et Y : comme *gelly*, *gipsy*, *elegy*, excepté dans les mots *get*, *giddy*, *foggy*, et quelques autres.

RÈGLE XVII.

Q.

Q se prononce comme K, et il est suivi toujours d'un U, qui se prononce ordinairement comme W : comme *quack*, *quality*, *quantity*. Ainsi l'A, dans les mots *quality* et *quantity*, se prononce comme O bref, suivant la règle 5e., no. 1. Le mot *quack* finissant en K est excepté.

RÈGLE XVIII.

S.

S a le son dur ou sifflant au commencement des mots : comme *so*, *sell*, *sun*, *son*.

Il a le même son après F, K, P, T : comme *muffs*, *socks*, *lips*, *mats*.

Il a le son d'un Z après B, D, G dur, ou O : comme *ribs*, *heads*, *rags*, *doves*. Il a le même son dans *as*, *is*, *his*, *was*, *these*, *those*, et dans tous les pluriels, quand les singuliers se terminent par une voyelle : comme........ *shoes*, *ways*, *news*.

S se prononce aussi comme CH : comme *sugar*, *sure*, *expulsion*, *dimension*.

Il a aussi le son de J dans quelques mots où il se trouve entre deux voyelles : comme *pleasure*, *evasion*, *confusion*.

RÈGLE XIX.

T.

T a trois sons : le premier est celui qui se fait sentir dans les mots *tatter*, *tittle*.

Le deuxième est celui de TCH quand il est précédé de l'accent et suivi de la voyelle U : comme *nature*, *virtue*, qu'il faut prononcer *nétcheur*, etc. La seule exception est dans les terminaisons TUDE et TUTE où il a le son du T français : comme *aptitude*, *altitude*, *constitute*, etc.

Le troisième est celui de CH : comme *nation*, *formation*, *partial*, qu'il faut prononcer *nècheunn*, *formècheunn*, *parcheull*.

RÈGLE XX.

X.

1°. X se prononce comme KS quand il termine une syllabe accentuée : comme *exercice*, *excellence*.

2°. X se prononce aussi comme KS quand l'accent est sur la seconde syllabe, si elle commence par une consonne : comme *excuse*, *expense*.

3°. X se prononce comme GZ, si l'accent est sur la syllabe suivante et si cette syllabe commence par une consonne : comme *exert*, *exist*, *example*.

X au commencement des mots se prononce comme Z : *Xerxes*, *Xenophon*.

RÈGLE XXI.

Y.

Y, comme consonne, a toujours le même son ; comme voyelle, ses sons varient. Quand il suit une consonne à la fin d'un mot ou d'une syllabe accentuée, il se prononce comme I long. Exemple : *deny*, *rely*, *reply*; il se prononce bref si l'accent n'y est pas : comme *folly*, *sorry*.

RÈGLE XXII.

CH.

CH a trois sons :

Le premier TCH, comme *child*, *chair*, *rich*, *arch*. Le mot ARCH se prononce comme ARK quand il signifie *chef* et commence un mot du grec : comme *archangel*, *archipelago*, *architect*, etc.

Le deuxième comme SH après un L ou un N : comme *filch*, *bench*, *tench*, *drench*; il se prononce de même dans quelques mots dérivés du français, *chaise*, *machine*.

Le troisième comme K, dans plusieurs mots dérivés du grec : comme *echo*, *scholar*, *chorus*, *chasm*.

RÈGLE XXIII.

GH.

GH se prononce comme F à la fin des mots suivans, *laugh*, *cough*, *enough*, *tough*, *trough*, *rough*, *slough*.

RÈGLE XXIV.

PH.

PH se prononce ordinairement comme F : comme *phantom*, *physic*, *philosophy*, et se prononce comme V dans les mots *nephew*, *stephen*.

TH au commencement et à la fin des mots se prononce dur. Pour les exceptions, voyez § 21, Ire. Partie.

SECTION IV.

VOYELLES MUETTES, ET RÈGLES POUR LES CONNAITRE.

RÈGLE XXV.

A.

L'A est muet dans les mots *carriage*, *marriage*, *parliament*, *miniature*, qu'il faut prononcer *carridge*, *marridge*, etc. *Carriage* et *marriage* sont les seuls mots de cette terminaison, excepté *foliage*, qui se prononce *foliédge*.

E.

1°. Quand la terminaison verbale ED n'est pas précédée d'un T ou d'un D, l'E est presque toujours muet : comme *loved, lived, robbed, saved,* etc.

2°. Quand un T ou un D précède, on prononce ED : comme *added, divided, commanded, waited, diverted, translated.*

3°. Les adjectifs qui finissent en ED conservent le son de E : comme *learned, blessed, aged, naked, wicked, wretched, ragged.*

4°. Quand une syllabe est ajoutée aux mots qui finissent en ED, ayant l'E muet, ED se prononce distinctement comme *reserved, reservedly, reservedness, feigned, feignedly, confused, confusedly.*

5°. L'E ne se prononce pas dans les mots en LE, précédés d'une consonne, comme *ancle, candle, probable.*

6°. E est muet devant un L, dans une syllabe finale non accentuée :

Ravel,	shrivel,	hazel,
shekel,	swivel,	navel,
snivel,	shovel,	weasel.
drivel,	grovel,	

Dans les autres mots, l'E devant un L se prononce distinctement.

7°. E est muet devant N, dans une syllabe finale non accentuée, quand elle n'est pas précédée de L, M, N, ou R, comme *loosen, hearken, harden, heaven.*

EXCEPTION.

Aspen,	kitchen,	patten,
chicken,	leaven,	sloven,
hyphen,	marten,	sudden,
jerken,	mitten,	ticken.

8°. E est muet à la fin d'un mot ou d'une syllable, quand il s'y trouve une autre voyelle, comme *base, basely, tame, tameness, sedate, repose, refuse.*

9°. L'E muet sert à prolonger le son de la voyelle qui précède comme

Can,	her,	pin,	not,	tub,
cane,	here,	pine,	note,	tube.

10°. L'E muet sert également à adoucir le son de C et de G, comme *lac, lace, rag, rage, sing, singe.*

RÈGLE XXVI.

I.

I est muet dans les mots *evil, devil, cousin, business,* et généralement dans les terminaisons TION, TIENT, etc. (Voyez § 37.)

RÈGLE XXVII.

O.

Dans la terminaison ON, l'O précédé d'une consonne est presque toujours muet (voyez § 28), comme

Beacon,	pardon,	button,
crimson,	parson,	weapon.

L'O se prononce, s'il est précédé de L, M, N ou R, comme *melon, sermon, cannon, baron.*

RÈGLE XXVIII.

UE.

La diphthongue UE finale, précédée de G ou de Q, ne se prononce pas, comme

Rogue,	colleague,	catalogue,
plague,	intrigue,	dialogue,
cinque,	mosque,	opaque,
pique,	oblique,	grotesque.

SECTION V.

CONSONNES MUETTES.

RÈGLE XXIX.

B.

B est muet quand il suit M dans la même syllabe, comme *numb, benumb, hecatomb.*

B est aussi muet dans les mots *debt, doubt, subtle,* et dans leurs composés, *debtor, doubtful, doubtless,* etc.

RÈGLE XXX.

C.

C précédé d'un S et suivi de E ou I; est muet, comme *scene, scent, sceptre, science.*

C ne se fait pas sentir dans les mots *czar, czarina, muscle.*

RÈGLE XXXI.

D.

D est muet dans *handsome, handsel, groundsel.*

RÈGLE XXXII.

G.

G ne se prononce pas devant un N dans la même syllabe, comme *gnat, gnaw, design, foreign.*

GN, à la fin d'une syllabe accentuée, donne à la voyelle le son long, comme *condign, oppugn.*

GH. Ces deux consonnes sont muettes à la fin d'un mot ou

d'une syllabe, ou quand elles sont suivies d'un T, comme *although, bright, night, light, delightful.* Il faut en excepter les mots de la 23e. règle, où GH se prononce comme F.

Nota. GH prolonge la voyelle qui précède.

RÈGLE XXXIII.

H.

H est muet au commencement des mots suivans et de leurs dérivés, mais dans tous les autres mots il est aspiré :

Heir, hour, honour, humble,
herb, honest, hostler, humour, hospital.

H est toujours muet après un R, comme

Rhubarb, rhetoric, rheumatism.

H final, précédé d'une voyelle, est muet, comme *ah! oh Hannah, messiah.*

RÈGLE XXXIV.

K.

K est toujours muet devant un N dans la même syllabe, comme *knit, knuckle, know.*

RÈGLE XXXV.

L.

L entre A et K, dans la même syllabe, ne se prononce pas, comme *balk, chalk, stalk.* L'A a le son ouvert (4e. son du tableau).

L entre A et M, dans la même syllabe, ne se prononce pas, comme *alms, balm, psalm.* L'A a le son moyen (3e. son du tableau).

L est aussi muet dans les mots suivans :

Calf, halve, could, would, should,
falcon, chaldron, salmon.

RÈGLE XXXVI.

N.

N, précédé d'un M dans la même syllabe, ne se prononce pas, comme

Hymn, column, condemn,
solemn, autumn, contemn.

RÈGLE XXXVII.

P.

P entre M et T, au milieu d'un mot ou dans une syllabe finale, ne se prononce pas, comme *empty, redemption, attempt, contempt, exempt.*

P est aussi muet dans *psalmist, psalter, pshaw, receipt, rapsberry, sempstress.*

RÈGLE XXXVIII.

S.

S est muet dans *isle island, aisle, viscount.*

RÈGLE XXXIX.

T.

T est muet quand il est précédé d'un S et suivi des terminaisons abrégées EN et LE :

Hasten, thistle, castle,
listen, epistle, bristle,
moisten, apostle, bustle.

T est aussi muet dans les mots suivans :

Often,	christmas,	mortgage,
soften,	chestnut,	bankruptcy,
currant,	hostler,	mistletoe.

RÈGLE XL.

W.

W est toujours muet devant R, comme

wren, wrestle, wrinkle.

Il est également muet devant un H suivi de O ayant le son long ou moyen, comme

Whole, who, whose, whom.

CHAPITRE II.

DE L'ACCENT.

SECTION PREMIÈRE.

OBSERVATIONS SUR L'ACCENT.

L'Accent est un *appui* ou *élévation* de la voix sur une certaine lettre ou syllabe dans un mot, qui sert à la mieux faire entendre ou à la distinguer plus aisément. Ainsi, dans le mot *Presùme*, l'élévation de la voix doit être sur la lettre U, et la seconde syllabe SUME est celle qui prend l'accent.

L'Accent semble surtout être réglé par l'étymologie: Dans les mots dérivés du saxon, l'Accent généralement est sur la racine; dans les mots tirés des langues savantes, il est généralement sur la terminaison; et si à cela nous ajoutons *l'accent distinctif* que nous mettons sur quelques mots pour les distinguer des autres, il me semble que nous obtenons les trois grands principes de l'Accentuation, savoir : l'accent sur le Radical, l'accent sur la Terminaison, et l'accent appelé Distinctif, qui sert à distinguer *un verbe d'un substantif*, un mot d'un autre.

Le Radical : comme *lòve, lòvely, lòveliness;*

La Terminaison : comme *hàrmony, harmònious;*

La Distinctive : comme *cònvert, convèrt.*

En Anglais, les mots qui ont plus d'une syllabe en ont une accentuée.

SECTION II.

ACCENT SUR LES MOTS DE DEUX SYLLABES.

1°. Les mots de deux syllabes en ont nécessairement une d'accentuée, mais une seule.

Le mot *àmèn* est le seul qui ait deux accens lorsqu'il se trouve seul.

2°. Dans les mots de deux syllabes, formés par une terminaison ajoutée, la première syllabe est ordinairement accentuée : *Chìldish, kìngdom, àctest, àcted, tòilsome, lòver, scòffer, fàirer, fòremost, zèalous, fùlness, mèekly, àrtist.*

3°. Les dissyllabes formés en mettant une syllabe devant le radical ont ordinairement l'accent sur la dernière : comme *to beseèm, to bestòw, to retùrn.* (Voyez chapitre 2, 2e. Partie.)

4°. Parmi les dissyllabes qui sont à la fois noms et verbes, le verbe a communément l'accent sur la dernière syllabe, et le nom sur la première : comme *to cemènt, a cèment; to contràct, a còntract; to presàge, a prèsage.*

Cette règle a plusieurs exceptions. Quoique les verbes aient rarement l'accent sur la première syllabe, cependant les noms l'ont souvent sur la dernière : comme *delìght, perfùme.*

5°. Tous les dissyllabes qui finissent en Y, OUR, OW, LE, ISH, CK, TER, AGE, EN, ET, etc., comme *crànny, làbour, wìllow, wallòw* (excepté *allòw, avòw, endòw, belòw, bestòw*), *bàttle, bànish, càmbric, bàtter, còurage, fàsten, qùiet* ont l'accent sur la première syllabe. (Voyez chapitre 1er, 2e. Partie.)

6°. Les noms de deux syllabes qui finissent en ER, comme *cànker, bùtter,* ont l'accent sur la première syllabe. (Voyez chapitre 1er, 2e. Partie.)

7°. Les verbes de deux syllabes qui se terminent par une consonne et par E final, comme *comprìse, escàpe,* ou qui ont une diphthongue à la dernière syllabe, comme *appèase, revèal,* ou qui finissent par deux consonnes, comme *attend,* ont l'accent sur la dernière syllabe.

8°. Les noms de deux syllabes qui ont une diphthongue à la dernière ont communément leur accent sur la dernière syllabe, comme *applaùse,* excepté plusieurs mots en AIN, comme *vìllain, cùrtain.*

9°. Les dissyllabes qui ont deux voyelles séparées dans la prononciation ont toujours l'accent sur la première syllabe : comme *Lìon, rìot, qùiet, lìar, rùin; creàte* est excepté.

SECTION III.

ACCENT SUR LES TRISSYLLABES.

1°. Les Trissyllabes formés par une terminaison ajoutée ou préfixée à une syllabe retiennent l'accent du radical : comme *lòveliness, tènderness, contèmner, wàggoner, phỳsical, bespattèr, còmmenting, commènding, assurance.*

2°. Les trissyllabes qui ont leur terminaison en OUS, AL, ION, comme *àrduous, càpital, mèntion,* retiennent l'accent sur la première syllabe.

3°. Les trissyllabes qui finissent en CE, ENT, ATE ont l'accent sur la première syllabe : comme *coùntenance, còntinence, àrmament, ìmminent, élegant, pròpagate,* à moins qu'ils ne soient dérivés de mots ayant l'accent sur la dernière syllabe, comme *connìvance, acquaìntance,* et que la syllabe du milieu n'ait une voyelle devant deux consonnes, comme *promùlgate.*

4°. Les trissyllabes finissant en Y, comme *èntity*, *spècify*, *lìberty*, *vìctory*, *sùbsidy*, ont ordinairement l'accent sur la première syllabe.

5°. Les trissyllabes finissant en RE ou LE ont l'accent sur la première syllabe : comme *lègible*, *théatre*. Il faut en excepter *Disciple*, et quelques autres mots qui ont une préposition : comme *exàmple*, *indènture*.

6°. Les trissyllabes qui finissent en UDE ont communément l'accent sur la première syllabe : comme *plènitude*, *hàbitude*, *rèctitude*.

7°. Les trissyllabes qui finissent en ATOR ont l'accent sur la syllabe du milieu : comme *spectàtor*, *creàtor*; il faut en excepter *òrator*, *sènator*, *legatòr*.

8°. Les mots de trois syllabes qui ont une diphthongue au milieu, comme *endèavour*, ou qui ont une voyelle devant deux consonnes, comme *domèstic*, ont l'accent sur la syllabe du milieu.

9°. Les mots de trois syllabes qui ont l'accent sur la dernière sont français pour la plupart : comme *acquièsce*, *repartée*, *magazìne*; ou ce sont des mots formés par une ou deux syllabes préfixées à une longue syllabe : comme *immatùre*, *overchàrge*.

SECTION IV.

ACCENT SUR LES POLYSYLLABES.

1°. Les polysyllabes, ou mots de plus de trois syllabes, suivent généralement l'accent des mots d'où ils dérivent : comme *àrrogating*, *còntinency*, *incòntinently*, *còmmendable*, *commùnicableness*.

2°. Les mots qui se terminent en ATOR ont généralement l'accent sur la pénultième ou l'avant-dernière syllabe : comme *emendàtor*, *Gladiàtor*, *equivocàtor*, *prevaricàtor*.

3°. Les mots qui se terminent en LE ont l'accent snr la première syllabe : comme *àmicable*, *dèspicable*; à moins que la seconde syllabe n'ait une voyelle devant deux consonnes : comme *Combùstible, condèmnable.*

4°. Les mots finissant en ION, OUS et TY ont l'accent sur l'antépénultième ou la deuxième avant-dernière syllabe : comme *Salvàtion, victòrious, actìvivy.*

5°. Les mots qui se terminent en IA, IO et CAL prennent l'accent sur l'antépénultième : comme *Cyclopædia, Punctilio, despòtical.*

Nota. Je ne donne pas comme complètes et infaillibles ces règles sur l'Accent; mais je les propose comme devant être très utiles. Dans toute langue, chaque règle a presque toujours ses exceptions, et dans l'anglais, comme dans toutes les autres langues, on profitera beaucoup par l'exemple et l'autorité.

CHAPITRE III.

DE LA QUANTITÉ.

La quantité d'une syllabe est le temps qu'il faut pour la prononcer : elle est longue ou brève.

Une voyelle ou une syllabe est longue lorsque l'accent tombe sur la voyelle : comme *Fàll, bàle, moòd, hòuse, fèature, fàther, làdy, tàble, nàtion*, etc.

Une syllabe est brève lorsque l'accent tombe sur la consonne : comme *Ant, bonnet, hunger.*

Une syllabe longue exige généralement le double plus de temps qu'une syllabe brève pour la prononcer : ainsi *mate* et *note* demandent le double de temps pour les prononcer que *mat* et *not.*

Comme on a déjà traité de la quantité des voyelles dans la première et la seconde Partie de cet ouvrage, quelques règles générales suffiront.

1°. Toutes les voyelles sous le principal accent, et qui précèdent les terminaisons IA, IO et ION, précédées d'une seule consonne, se prononcent longues : comme *Regalia, folio, adhesion, explosion, confusion.* Il faut excepter la voyelle I, qui, dans cette occasion, se prononce brève : comme *Militia, punctilio, decision, contrition.*

Voici toutes les exceptions de cette règle : *Discretion, battalion, gladiator, national, rational,* mots dans lesquels la voyelle est brève.

2°. Toutes les voyelles qui précèdent immédiatement les terminaisons ITY et ETY se prononcent longues : comme *Deity, piety,* etc. Mais si une consonne précède ces terminaisons, chaque voyelle accentuée qui les précède est brève, excepté la voyelle U, et l'A dans les mots *scarcity, rarity :* comme *Polarity, severity, divinity, curiosity,* etc. L'U même devant deux consonnes a le son bref : comme *Curvity, taciturnity,* etc.

3°. Les voyelles sous le principal accent, et qui précèdent les terminaisons IC et ICAL, s'il y a une consonne avant, se prononcent brèves : comme *Satanic, pathetic, elliptic, harmonic, fanatical, poetical,* etc. Les mots *Tunic, cubic, cubical, musical,* etc., ont la voyelle U longue.

4°. La voyelle dans l'antépénultième avec les terminaisons se prononce toujours brève : comme

Loquy	comme	obloquy.
Strophe	. . . .	apostrophe.
Meter	. . . .	barometer.
Gonal	. . . .	diagonal.
Vorous	. . . .	carnivorous.
Ferous	. . . .	somniferous.
Fluous	. . . .	superfluous.
Fluent	. . . .	mellifluent.
Parous	. . . .	oviparous.
Cracy	. . . .	aristocracy.
Gony	. . . .	cosmogony.
Phony	. . . .	symphony.
Nomy	. . . .	astronomy.
Tomy	. . . .	anatomy.
Pathy	. . . .	antipathy.

CHAPITRE IV.

INTRODUCTION A LA LANGUE ANGLAISE (1).

SECTION PREMIÈRE.

DE L'ARTICLE.

Il y a deux articles en anglais comme en français.

L'article défini THE ne change jamais; il répond à LE, LA, LES en français : comme

The book, *le livre;* the table, *la table.*
The books, *les livres;* the tables, *les tables.*

L'article indéfini A ou AN devant une voyelle ou un H muet ne change pas; il répond à UN et UNE en français : comme

A book, *un livre;* a table, *une table.*

L'H est muet dans les mots suivans, *heir, hour, herb, honest, honour, hostler, humble, humour, hospital.*

Lorsque la voyelle U est longue, on se sert de A : comme *A university, a useful book.*

---

(1) Quoique cet ouvrage ne soit composé que pour la prononciation, on a jugé à propos d'introduire ici quelques pages au sujet de l'étymologie, pour donner à l'élève une connaissance de cette Partie, la plus nécessaire à connaître, pour qu'il puisse lire avec plus de facilité et de plaisir la troisième Partie de ce livre.

SECTION II.

DU NOM SUBSTANTIF.

Du genre des Noms.

En anglais, il y a trois genres, le masculin, le féminin et le neutre. Tous les êtres animés mâles sont du genre masculin, les êtres animés femelles sont du genre féminin, enfin le neutre comprend tous les noms de choses inanimées; de plus, les animaux dont le sexe est inconnu. Ainsi, quand un substantif ~~est accompagné~~ d'un article pour déterminer l'étendue de sa signification, ou d'un adjectif qui marque sa qualité, il nous est inutile d'avoir recours à ces deux auxiliaires, même s'ils étaient déclinables.

Pour connaître son genre, nous le connaissons par la seule inspection du substantif lui-même.

Il est quelquefois permis en poésie et dans la prose relevée de personnifier les objets inanimés, ce qui produit quelquefois un effet très heureux; mais c'est une licence dont on ne doit user que très sobrement. Au reste, l'application de ce *Trope* ne se fait sentir que dans l'emploi des pronoms personnels et possessifs, les *seuls* mots qui soient susceptibles de changer suivant le genre et le nombre des noms auxquels ils se rapportent.

Manière de former le pluriel des noms.

Le pluriel des noms se forme comme en français en ajoutant un S : comme

The books,	*les livres.*
The tables,	*les tables.*
The windows,	*les fenêtres.*

Si le singulier finit en CH, SH, X, SS, S, on ajoute ES (1) : comme

Benches,	*des bancs.*
Wishes,	*des souhaits.*
Foxes,	*des renards.*
Masses,	*des masses.*
Rebuses,	*des rébus.*

Si le singulier finit en O, on ajoute quelquefois ES pour former le pluriel : comme

Cargoes,	*des cargaisons.*
Heroes,	*des héros.*
Negroes,	*des nègres.*

Il faut excepter *folio, nuncio, punctilio, seraglio.*

Les substantifs qui finissent en Y précédé d'une consonne changent l'Y en IES pour former le pluriel : comme

City,	cities,	*des villes.*
Fly,	flies,	*des mouches.*

Mais si l'Y est précédé d'une voyelle, il suit la règle générale : comme

Day,	days,	*des jours.*
Ray,	rays,	*des rayons.*
Key,	keys,	*des clefs.*

Les substantifs qui finissent en F ou FE forment leur pluriel en changeant ces terminaisons en VES : comme

Loaf,	loaves,	*des pains.*
Wife,	wives,	*des femmes mariées.*

Cette règle n'est pas sans exception, car les noms suivans forment leur pluriel d'après la règle générale.

---

(1) Comme l'article ne change pas, on est forcé de prononcer bien distinctement l'S qui forme le pluriel ; mais comme on ne peut pas le faire sentir après les terminaisons ci-dessus, nous sommes obligé d'avoir recours à la syllabe ES.

SINGULIER.		PLURIEL.	
A grief,	*chagrin.*	Griefs,	*des chagrins.*
A chief,	*un chef.*	Chiefs,	*des chefs.*
A mischief,	*un mal.*	Mischiefs,	*des maux.*
A relief,	*un secours.*	Reliefs,	*des secours.*
A handkerchief,	*un mouchoir.*	Handkerchiefs,	*des mouchoirs.*
A muff,	*un manchon.*	Muffs,	*des manchons.*
A ruff,	*une fraise.*	Ruffs,	*des fraises.*
A cliff,	*un rocher escarpé.*	Cliffs,	*des rochers escarpés.*
A stuff,	*une étoffe.*	Stuffs,	*des étoffes.*
A skiff,	*une chaloupe.*	Skiffs,	*des chaloupes.*

Les substantifs suivans changent l'A en E pour former le pluriel :

SINGULIER.		PLURIEL.	
A man,	*un homme.*	Men,	*des hommes.*
A woman,	*une femme.*	Women,	*des femmes.*
An ox,	*un bœuf.*	Oxen,	*des bœufs.*
A child,	*un enfant.*	Children,	*des enfans.*

Les substantifs suivans sont tout à fait irréguliers :

SINGULIER.		PLURIEL.	
A die,	*un dé.*	Dice,	*des dés.*
A mouse,	*une souris.*	Mice,	*des souris.*
A louse,	*un pou.*	Lice,	*des poux.*
A goose,	*une oie.*	Geese,	*des oies.*
A penny,	*deux sous.*	Pence,	*des sous.*
A tooth,	*une dent.*	Teeth,	*des dents.*
A deer,	*un daim.*	Deer,	*des daims.*
A foot,	*un pied.*	Feet,	*des pieds.*
A sheep,	*un mouton.*	Sheep,	*des moutons.*

Il y a d'autres substantifs qui n'ont pas de singulier, comme *riches,* des richesses; *alms,* des aumônes; d'autres au contraire sont toujours pris au singulier, comme *knowledge,* des connaissances; *progress,* des progrès, etc.

DÉCLINAISON DES SUBSTANTIFS.

SINGULIER.

Nominatif.	The father,	*le père.*
Génitif.	The father's (1), Of the father,	*du père.*
Objectif (2).	The father,	*le père.*

PLURIEL.

Nom.	The fathers,	*les pères.*
Gén.	The fathers', Of the fathers,	*des pères.*
Obj.	The fathers,	*aux pères.*

SINGULIER.

Nom.	A mother,	*une mère.*
Gén.	Amother's, Of a mother,	*d'une mère.*
Obj.	A mother,	*une mère.*

PLURIEL.

Nom.	Mothers,	*des mères.*
Gén.	Mothers', Of mothers,	*des mères.*
Obj.	Mothers,	*des mères.*

---

(1) Nous avons emprunté cette forme du génitif aux Allemands, et on s'en sert lorsque le dernier nom, en français, est un nom d'un être animé, et qu'il exprime la possession : comme le livre du père se traduit *the father's book*, au lieu de dire, comme en français, *the book of the father.*

(2) Comme en français, on prépose de certaines prépositions avant l'objectif ou l'accusatif pour exprimer les différens cas des noms : comme *to*, à ; *from*, de ; *with*, avec ; *in*, en, etc.

SECTION III.

DE L'ADJECTIF.

L'adjectif anglais, comme l'article, ne change jamais par rapport au genre ou au nombre du substantif qu'il qualifie : comme

The good book,	*le bon livre.*
The good books,	*les bons livres.*
The good mother,	*la bonne mère.*
The good mothers,	*les bonnes mères.*

On forme le comparatif en ajoutant au positif ER ou R seulement, si le dernier finit en E : comme

POSITIF.	COMPARATIF.	SUPERLATIF.
Rich,	Richer,	The richest,
riche.	*plus riche.*	*le plus riche.*
Fine,	Finer,	The finest,
beau.	*plus beau.*	*le plus beau.*

Cependant si le positif est un mot de deux ou de plusieurs syllabes (1), pour qu'il ne paraisse pas trop long, au lieu des terminaisons, on prépose l'adverbe *more* pour le comparatif, et *the most* pour le superlatif : comme

---

(1) Les mots de deux syllabes qui terminent en Y ou LE, ou qui ont l'accent sur la dernière syllabe, admettent les deux manières de former le degré de comparaison : comme

POSITIF.	COMPARATIF.	SUPERLATIF.
Happy,	More happy, Happier,	The most happy. The happiest,
heureux.	*plus heureux.*	*le plus heureux.*
Able,	More able, Abler,	The most able, The ablest.

On voit que l'Y change en I avant d'ajouter les terminaisons ER et EST.

POSITIF.	COMPARATIF.	SUPERLATIF.
Courageous, *courageux.*	More courageous, *plus courageux.*	The most courageous, *le plus courageux.*
Frugal, *économe.*	More frugal, *plus économe.*	The most frugal, *le plus économe.*

Quelques adjectifs sont irréguliers tant en français qu'en anglais, comme

POSITIF.	COMPARATIF.	SUPERLATIF.
Good, *bon.*	Better, *meilleur.*	The best, *le meilleur.*
Bad, *mauvais.*	Worse, *pire.*	The worst, *le pire.*
Little, *petit.*	Less, *moindre.*	The least, *le moindre.*
Many *ou* Much (1), *beaucoup.*	More, *plus.*	The most. *le plus.*

REMARQUE.

Lorsque l'adjectif est au degré comparatif, on se sert des mots suivans:

More,	than,	*plus,*	*que.*
Less,	than,	*moins,*	*que.*
As,	as,	*aussi,*	*que.*
So,	as,	*si,*	*que.*
As much, *singulier.* / As many, *pluriel.*	} As,	*autant,*	*que.*

(1) *Many* devant un substantif au pluriel, et *much* devant un substantif au singulier.

So much, *singulier.*	} As,	*tant,*	*que.*
So many, *pluriel.*			

EXEMPLE.

He is more happy, *ou* happier (1) than you,	*il est plus heureux que vous.*
She is less proud than you,	*elle est moins fière que vous.*
We are as rich as you,	*nous sommes aussi riches que vous.*
He is not so learned as we,	*il n'est pas si savant que nous.*
We have as much patience as you,	*nous avons autant de patience que vous.*
He has as many books as you,	*il a autant de livres que vous.*
I have not so much money as you,	*je n'ai pas tant d'argent que vous.*
He has not so many books as I,	*il n'a pas tant de livres que moi.*

SECTION IV.

DU PRONOM.

Un pronom est un mot dont on se sert pour éviter la répétition d'un nom.

Il y a cinq sortes de pronoms :

1°. Le pronom personnel;
2°. Le pronom possessif;
3°. Le pronom relatif;
4°. Le pronom démonstratif;
5°. Le pronom indéfini.

DES PRONOMS PERSONNELS.

Nos pronoms personnels sont les suivans :

---

(1) Nous avons déjà vu qu'on forme le comparatif en ajoutant quelquefois la terminaison ER, au lieu de préposer l'adverbe *more*.

SINGULIER.

		NOMINATIF.		ACCUSATIF.	
1re. Pers.		*je, moi,*	I.	Me (1),	*me, moi.*
2e. Pers.		*tu, toi,*	Thou.	Thee,	*te, toi.*
	MASC.	*il, lui,*	He.	Him,	*le, lui.*
3e. Pers.	FÉM.	*elle,*	She.	Her,	*la, elle.*
	NEUT.	*il, elle, lui,*	It.	It,	*le, la; elle, lui.*

PLURIEL.

1re. Pers.	*nous,*	We.	Us,	*nous.*
2e. Pers.	*vous,*	You.	You,	*vous.*
3e. Pers (2),	*ils, elles,*	They.	Them,	*les, eux.*

Les pronoms personnels composés sont ceux dont on se sert pour former les verbes réfléchis, ou pour donner de la force à l'expression. Les voici.

SINGULIER.

1re. Pers.		Myself,	*moi-même.*
2e. Pers.		Thyself,	*toi-même.*
	MASC.	Himself,	*lui-même.*
3e. Pers.	FÉM.	Herself,	*elle-même.*
	NEUT.	Itself,	*lui* ou *elle-même.*

PLURIEL.

1re. Pers.	Ourselves,	*nous-mêmes.*
2e. Pers.	Yourselves,	*vous-mêmes.*
3e. Pers.	Themselves,	*eux* ou *elles-mêmes.*

DES PRONOMS POSSESSIFS.

Nous avons, comme en français, deux sortes de pronoms possessifs, le Conjonctif et l'Absolu, dont voici la liste:

---

(1) Avec l'accusatif, on forme les autres cas en préposant les différentes prépositions: comme *of me*, de moi; *to me*, à moi, etc.

(2) La troisième personne du pluriel ne change pas : on dit *they* au nominatif, et *them* à l'accusatif, quel que soit le genre des noms auxquels ils se rapportent.

CONJONCTIFS.

SINGULIER.

1re. Pers.		My,	*mon, ma, mes.*
2e. Pers.		Thy,	*ton, ta, tes.*
	Masc.	His,	
3e. Pers.	Fém.	Her,	*son, sa, ses.*
	Neut.	Its,	

PLURIEL.

1re. Pers.		Our,	*notre, nos.*
2e. Pers.		Your,	*votre, vos.*
	Masc.		
3e. Pers.	Fém.	Their,	*leur, leurs.*
	Neut.		

ABSOLUS.

SINGULIER.

1re. Pers.		Mine,	*le mien, la mienne; les miens, les miennes.*
2e. Pers.		Thine,	*le tien, la tienne; les tiens, les tiennes.*
	Masc.	His,	
3e. Pers.	Fém.	Hers,	*le sien, la sienne; les siens, les siennes.*
	Neut.	Its.	

PLURIEL.

1re. Pers.		Ours,	*le nôtre, la nôtre; les nôtres.*
2e. Pers.		Yours,	*le vôtre, la vôtre; les vôtres.*
	Masc.		
3e. Pers.	Fém.	Theirs,	*le leur, la leur; les leurs.*
	Neut.		

OBSERVATION.

On voit que les deux premières personnes ne varient pas : la raison en est qu'en anglais le pronom possessif s'accorde avec la personne qui possède, et non pas, comme en français, avec la chose possédée : c'est pourquoi elles ne peuvent pas changer, parce que le possesseur est toujours le même. Comme nous avons trois genres de noms, nous avons, comme on peut le voir, trois pronoms possessifs de la troisième personne pour les représenter; ce qui nous donne un moyen facile de connaître le genre du substantif auquel le pronom se rapporte. Par exemple, quand nous disons en français *son âge*, nous ne savons pas de qui l'on parle, si c'est de l'âge d'un homme, d'une femme, ou d'une chose inanimée. En Anglais, au contraire, si nous parlons d'un homme, nous rendons le pronom SON par *his*; en parlant d'une femme, par *her*; enfin, lorsqu'il s'agit d'une chose, nous disons *its*.

Cette règle s'applique également aux pronoms possessifs absolus.

DES PRONOMS RELATIFS.

Les pronoms relatifs sont ceux qui ont rapport à quelque mot ou à quelque phrase qui les précède, et qu'on appelle *antécédent*. Il y en a trois :

Who,	*qui,*	pour les personnes.
Which,	*qui, que, lequel,* etc.,	pour les choses et les animaux.
That,	*qui, que,*	pour les deux indistinctement.

Le seul de ces pronoms qui change de forme est *who,* qui fait *whom* à l'accusatif et *whose* au génitif.

Quoiqu'on puisse se servir du pronom *that* pour remplacer les deux autres, on ne peut pas le faire s'il y a une préposition qui le précède. Ainsi, dans la phrase suivante (l'homme dont je vous parle), il ne faut pas dire, *The man of that I speak to you.* On peut le traduire de ces quatre manières suivantes :

1°. The man of whom I speak to you;
2°. The man whom I speak to you of;
3°. The man I speak to you of;
4°. The man that I speak to you of.

Dans les trois premières phrases, on voit qu'on peut mettre la préposition avant le relatif, qu'on peut le placer après le verbe, ou bien qu'on peut le supprimer tout à fait. Si on veut se servir de *that*, comme dans la quatrième phrase, il faut toujours placer la préposition après le verbe.

What est un relatif composé, et renferme le relatif et son antécédent; il répond à *that which, ce que*. Exemple : *It is what,* (ou) *that which* (ou) *the thing which, I love.* — C'est ce que j'aime.

DES PRONOMS DÉMONSTRATIFS.

Ces pronoms servent à marquer plus particulièrement les noms devant lesquels ils sont placés, ou dont ils tiennent quelquefois la place. Les voici :

	SINGULIER.		PLURIEL.
This,	*ce, cet, cette.* *celui-ci, celle-ci.* *ceci.*	These,	*ces.* *ceux-ci, celles-ci.*

	SINGULIER.		PLURIEL.
That,	*ce, cet, cette.* *celui-là, celle-là.* *cela.*	Those,	*ces.* *ceux, celles.* *ceux-là, celles-là.*

On voit que ces pronoms n'ont ni genre ni cas; ils ne changent qu'avec le nombre.

DES PRONOMS INDÉFINIS OU INDÉTERMINÉS.

Les pronoms indéterminés sont ainsi nommés, parce qu'ils expriment les objets d'une manière vague ou générale. Ce sont :

One,	*on.*
Any,	*quelque, quelqu'un; en, du; de la, des.*
Each, Every,	*chaque, chacun, chacune.*
Several, Many,	*plusieurs.*
Every body,	*chacun, chacune.*
Every one,	*tout le monde.*

Some body, Some one,	*quelqu'un, quelqu'une.*
Some,	*quelques uns, quelques unes.*
Other,	*autre.*
Others,	*les autres, autrui.*
All, Every thing,	*tout.*
Any body, Who ever,	*quiconque, qui que ce soit.*
Each other,	*l'un, l'autre; l'une, l'autre.*
One another,	*les uns, les autres; les unes, les autres.*
Both,	*l'un et l'autre, etc.*
Either,	*l'un ou l'autre, etc.*
Neither,	*ni l'un ni l'autre, etc.*
Nothing,	*rien.*
None,	*aucun, aucune, point.*
Nobody, No one,	*personne; pas un, pas une.*
Not any,	*aucun, aucune; point.*
Such,	*tel, etc.*
Such a one,	*un tel.*

SECTION V.

DES VERBES.

Conjugaison d'un verbe régulier, comme verbe actif, qui sert de modèle pour conjuguer tous les verbes réguliers.

MODE INFINITIF.

To abandon (1),	*abandonner.*	Présent.
Abandoning,	*abandonnant.*	Participe présent.
Abandoned,	*abandonné.*	Participe passé.

(1) *To* est la seule préposition qu'on puisse employer avant un verbe à l'infinitif. Toutes les autres prépositions exigent toujours le participe présent après elles.

MODE INDICATIF.

TEMPS PRÉSENT.

I abandon,	*j'abandonne.*
Thou abandonest,	*tu abandonnes.*
He abandons,	*il abandonne.*
We abandon,	*nous abandonnons.*
You abandon,	*vous abandonnez.*
They abandon,	*ils* ou *elles abandonnent.*

TEMPS PASSÉ.

I abandoned,	*j'abandonnais* ou *abandonnai* (1).
Thou abandonedst,	*tu abandonnais* ou *abandonnas.*
He abandoned,	*il abandonnait* ou *abandonna.*
We abandoned,	*nous abandonnions* ou *abandonnâmes.*
You abandoned,	*vous abandonniez* ou *abandonnâtes.*
They abandoned.	*ils abandonnaient* ou *abandonnèrent.*

TEMPS FUTUR.

I shall *ou* will abandon,	*j'abandonnerai.*
Thou shalt *ou* wilt abandon,	*tu abandonneras.*
He shall *ou* will abandon,	*il abandonnera.*
We shall *ou* will abandon,	*nous abandonnerons.*
You shall *ou* will abandon,	*vous abondonnerez.*
They shall *ou* will abandon,	*ils abandonneront.*

TEMPS CONDITIONNEL.

I could, should *ou* would (2) abandon, *j'abandonnerais.*

---

(1) Nous n'avons qu'un temps passé pour exprimer ces deux temps en français.

(2) On trouve ces mots, qui sont les signes du temps conditionnel, dans plusieurs grammaires, sous le mode subjonctif; mais comme on s'en sert aussi souvent pour le mode indicatif, je les ai placés ici, comme plus conformes à la conjugaison d'un verbe français, et conséquemment plus faciles à apprendre. On se sert de l'un ou de l'autre de ces signes, suivant la pensée que l'on veut exprimer; mais comme il est impossible de donner toutes les règles là-dessus

Thou could'st, should'st *ou* would'st abandon,	*tu abandonnerais.*
He could, should *ou* would abandon,	*il abandonnerait.*
We could, should *ou* would abandon,	*nous abandonnerions.*
You could, should *ou* would abandon,	*vous abandonneriez.*
They could, should *ou* would abandon,	*ils abandonneraient.*

MODE SUBJONCTIF.

TEMPS PRÉSENT.

That I may abandon,	*que j'abandonne.*
That thou mayest abandon,	*que tu abandonnes.*
That he may abandon,	*qu'il abandonne.*
That we may abandon,	*que nous abandonnions.*
That you may abandon,	*que vous abandonniez.*
That they may abandon,	*qu'ils abandonnent.*

TEMPS PASSÉ.

That I might abandon,	*que j'abandonnasse.*
That thou might'st abandon,	*que tu abandonnasses.*
That he might abandon,	*qu'il abandonnât.*
That we might abandon,	*que nous abandonnassions*
That you might abandon,	*que vous abandonnassiez.*
That they might abandon,	*qu'ils abandonnassent.*

MODE IMPÉRATIF.

Let me abandon,	*que j'abandonne*
Abandon,	*abandonne.*
Let him abandon,	*qu'il abandonne.*
Let us abandon,	*abandonnons.*
Abandon,	*abandonnez.*
Let them abandon,	*qu'ils abandonnent.*

---

sans entrer dans trop de détails, qui d'ailleurs appartiennent plutôt à une grammaire qui traite des règles de syntaxe, qu'à un ouvrage comme celui-ci; je me bornerai à observer qu'on se sert souvent de ces mots pour traduire les trois verbes *pouvoir*, *devoir* et *vouloir*, comme on peut voir en examinant les verbes défectueux qui se trouvent dans ce chapitre.

OBSERVATION.

En examinant la construction de ce verbe, que nous venons de conjuguer, on voit qu'elle diffère beaucoup de celle adoptée en français et dans toutes les langues anciennes et méridionales. Au lieu d'adopter une suite de terminaisons qui, ajoutées au radical, servissent à en désigner les temps, les modes, les personnes et les nombres, nous avons employé certains signes pour marquer les *temps* et les *modes*; quant aux *personnes* et aux *nombres*, le pronom personnel les désigne toujours suffisamment. Ces signes sont invariables, et les mêmes pour tous les verbes réguliers et irréguliers; de façon qu'au moyen de sept ou huit mots nous pouvons, avec très peu de peine, apprendre à conjuguer tous les verbes anglais. Il faut excepter de cette règle le présent, le passé et le participe passé.

Pour former la seconde personne du singulier du présent de l'indicatif, on ajoute EST à l'infinitif, et pour former la troisième personne on n'y ajoute qu'un S. Mais si l'infinitif finit en H, S, X, Z ou O, il faut ajouter ES, par la même raison que nous avons donnée dans une note sur la formation du pluriel des noms. Exemple :

INFINITIF.	TROISIÈME PERSONNE.
To wish.	He wishes.
To pass.	He passes.
To box.	He boxes.
To buzz.	He buzzes.
To go.	He goes.

Quand l'infinitif se termine en Y précédé d'une consonne, l'Y se change en IES pour former la troisième personne : comme *to deny, he denies*; mais si l'Y est précédé d'une voyelle, alors le verbe suit la règle générale : comme *to pay, he pays*.

Le participe présent se forme en ajoutant ING à l'infinitif; mais si l'infinitif se termine en E, on supprime la voyelle avant d'ajouter la terminaison ING : comme *to love, loving*.

Encore, si l'infinitif finit en IE, on change ces deux lettres en Y, en formant le participe présent : comme *to die*, mourir; *dying*, mourant.

On voit que nous n'avons qu'un temps pour exprimer l'imparfait ou le prétérit français : il est formé, ainsi que le participe passé, par l'addition, à l'infinitif, de la terminaison ED, ou D seulement si l'infinitif se termine en E. Dans plusieurs verbes cela n'arrive pas; car, au lieu d'ajouter cette terminaison, on change la forme radicale du verbe. Remarquons aussi que ces deux temps, étant les seuls susceptibles de changer de terminaison, sont aussi les seuls qui puissent offrir des irrégularités, pour une liste desquelles voyez la fin de ce chapitre.

CONJUGAISON DU VERBE *TO HAVE*, AVOIR.

INFINITIF.

To have,	*avoir.*	Présent.
Having,	*ayant.*	Participe présent.
Had,	*eu, eue.*	Participe passé.

INDICATIF.

PRÉSENT.

I have,	*j'ai.*
Thou hast,	*tu as.*
He has,	*il a.*
We have,	*nous avons.*
You have,	*vous avez.*
They have,	*ils* ou *elles ont.*

PASSÉ.

I had,	*j'avais* ou *j'eus.*
Thou hadst,	*tu avais* ou *tu eus.*
He had,	*il avait* ou *il eut.*
We had,	*nous avions* ou *nous eûmes.*
You had,	*vous aviez* ou *vous eûtes.*
They had,	*ils avaient* ou *ils eurent.*

TEMPS FUTUR.

I shall *ou* will have	*j'aurai.*
Thou shalt *ou* wilt have,	*tu auras.*
He shall *ou* will have,	*il aura.*
We shall *ou* will have,	*nous aurons.*
You shall *ou* will have,	*vous aurez.*
They shall *ou* will have,	*ils auront.*

CONDITIONNEL.

I could, should *ou* would have,	*j'aurais.*
Thou could'st, should'st *ou* would'st have,	*tu aurais.*
He could, should *ou* would have,	*il aurait.*
We could, should *ou* would have,	*nous aurions.*
You could, should *ou* would have,	*vous auriez.*
They could, should *ou* would have,	*ils auraient.*

SUBJONCTIF.

PRÉSENT.

That I may have,	*que j'aie.*
That thou mayest have,	*que tu aies.*
That he may have,	*qu'il ait.*
That we may have,	*que nous ayons.*
That you may have,	*que vous ayez.*
That they may have,	*qu'ils aient.*

PASSÉ.

That I might have,	*que j'eusse.*
That thou might'st have,	*que tu eusses.*
That he might have,	*qu'il eût.*
That we might have,	*que nous eussions.*
That you might have,	*que vous eussiez.*
That they might have,	*qu'ils eussent.*

IMPÉRATIF.

Let me have,	*que j'aie.*
Have,	*aie.*

Let him have, *qu'il ait.*
Let us have, *ayons.*
Have, *ayez.*
Ler them have, *qu'ils aient.*

CONJUGAISON DU VERBE *TO BE*, ÊTRE.

INFINITIF.

To be,	*étre.*	Présent.
Being,	*étant.*	Participe présent.
Been,	*été.*	Participe passé.

INDICATIF.

PRÉSENT.

I am, *je suis.*
Thou art, *tu es.*
He is, *il est.*
We are, *nous sommes.*
You are, *vous êtes.*
They are, *ils* ou *elles sont.*

PASSÉ.

I was, *j'étais* ou *je fus.*
Thou wast, *tu étais* ou *tu fus.*
He was, *il était* ou *il fut.*
We were, *nous étions* ou *nous fûmes.*
You were, *vous étiez* ou *vous fûtes.*
They were, *ils étaient* ou *ils furent.*

FUTUR.

I shall *ou* will be, *je serai.*
Thou shalt *ou* wilt be, *tu seras.*
He shall *ou* will be, *il sera.*
We shall *ou* will be, *nous serons.*
You shall *ou* will be, *vous serez.*
They shall *ou* will be, *ils seront.*

CONDITIONNEL.

I could, should *ou* would be,	*je serais.*
Thou could'st, should'st *ou* would'st be,	*tu serais.*
He could, should *ou* would be,	*il serait.*
We could, should *ou* would be,	*nous serions.*
You could, should *ou* would be,	*vous seriez.*
They could, should *ou* would be,	*ils seraient.*

MODE SUBJONCTIF.

PRÉSENT.

That I may be,	*que je sois.*
That thou mayest be,	*que tu sois.*
That he may be,	*qu'il soit.*
That we may be,	*que nous soyons.*
That you may be,	*que vous soyez.*
That they may be,	*qu'ils soient.*

PASSÉ.

That I might be,	*que je fusse.*
That thou migh'st be,	*que tu fusses.*
That he might be,	*qu'il fût.*
That we might be,	*que nous fussions.*
That you might be,	*que vous fussiez.*
That they might be,	*qu'ils fussent.*

MODE IMPÉRATIF.

Let me be,	*que je sois.*
Be,	*sois.*
Let him be,	*qu'il soit.*
Let us be,	*soyons.*
Be,	*soyez.*
Let them be,	*qu'ils soient.*

A l'aide des participes passés, on conjugue les temps composés :

I have abandoned, *j'ai abandonné.*
I have been, *j'ai été*, etc.

CONJUGAISON D'UN VERBE RÉFLÉCHI.

Ces verbes se conjuguent comme les autres verbes en mettant les pronoms personnels après le verbe. Dans leurs temps composés, on se sert du verbe auxiliaire *to have* (avoir), au lieu du verbe *to be* (être). Ainsi pour traduire, Je me suis abandonné, nous disons *I have abandoned myself*, mot à mot, J'ai abandonné moi-même; et ainsi de même pour les autres temps.

To abandon one's self, *s'abandonner.*

Mot à mot, *abandonner soi-même.*

INDICATIF.

PRÉSENT.

I abandon myself, *je m'abandonne.*
Thou abandonest thyself, *tu t'abandonnes.*
He abandons himself, *il s'abandonne.*
We abandon ourselves, *nous nous abandonnons.*
You abandon yourselves, *vous vous abandonnez.*
They abandon themselves, *ils s'abandonnent.*

Conjuguez d'après cette manière tous les autres temps, en mettant toujours le régime après le verbe.

CONJUGAISON D'UN VERBE AVEC LA NÉGATION *NOT.*

INFINITIF.

Not to abandon,	*ne pas abandonner.*	Présent (1).
Not abandoning,	*n'abandonnant pas.*	Participe présent.
Not abandoned,	*pas abandonné.*	Participe passé.

INDICATIF.

PRÉSENT.

I do (2),
Thou do'st,
He does,
We do,
You do,
They do,
} not abandon, *je n'abandonne pas, etc.*

PASSÉ.

I did,
Thou didst,
He did,
We did,
You did,
They did,
} not abandon, *je n'abandonnais pas* ou *je n'abandonnai pas, etc.*

---

(1) La négation se trouve toujours avant la préposition *to*. Il en est de même dans les temps composés: n'avoir pas abandonné, *not to have abandoned.*

(2) Le mot *do*, qui fait *did* au temps passé, se traduit littéralement par le verbe français *faire;* mais lorsque ces mots sont employés comme négation ou comme interrogation, il faut les considérer simplement comme des signes du temps présent et du temps passé, de même comme *shall* et *will* sont des signes du futur; on ne s'en sert jamais aux autres temps du verbe; la négation trouve toujours sa place entre le signe et le verbe. Cette manière est employée dans la conversation familière; dans le style sérieux ou poétique, on met la négation après le verbe, en supprimant le signe *do* ou *did*. En retournant à la page 94 de ce livre, on verra plusieurs exemples. Il en est de même avec les deux auxiliaires *to be* et *to have;* avec les verbes défectueux *can, could, ought, must, would;* et avec les verbes *to dare*, oser; et *to need*, avoir besoin.

FUTUR.

I shall *ou* will not abandon, *je n'abandonnerai pas, etc.*

CONDITIONNEL.

I could, should *ou* would not abandon, *je n'abandonnerais pas, etc.*

SUBJONCTIF.

PRÉSENT.

That I may not abandon, *que je n'abandonne pas, etc.*

PASSÉ.

That I might not abandon, *que je n'abandonnasse pas, etc.*

IMPÉRATIF.

Let me not abandon,	*que je n'abandonne pas.*
Do not abandon,	*n'abandonne pas.*
Let him not abandon,	*qu'il n'abandonne pas.*
Let us not abandon,	*n'abandonnons pas.*
Do not abandon,	*n'abandonnez pas.*
Let them not abandon,	*qu'ils n'abandonnent pas.*

Pour conjuguer un verbe interrogativement, on met le nominatif entre le signe et le verbe : comme *Do I abandon,* abandonnai-je? *Did I abandon,* abandonnais-je? etc.

DES VERBES DÉFECTUEUX.

Les verbes défectueux sont ceux dont on se sert seulement dans quelques uns de leurs modes et de leurs temps. Les voici :

PRÉSENT.	PASSÉ.	INFINITIF.
Can,	could,	*pouvoir.*
May,	might,	*pouvoir.*
Will,	would,	*vouloir.*
Shall,	should,	*devoir.*
Must,		*devoir.*
Ought,	ought,	*devoir.*

OBSERVATION.

Pour exprimer l'infinitif du verbe français *pouvoir*, nous disons *to be able* (être capable) ; le futur, *I shall* ou *will be able* (je serai capable, etc...)

Can et *could* expriment le pouvoir, *may* et *might* la possibilité ou la liberté de faire une chose. Exemple :

He can write much better than he could last year.
Il peut écrire beaucoup mieux qu'il ne pouvait l'année dernière.

You may go out if you will.
Vous pouvez, vous avez la permission de sortir si vous voulez.

I can do it, if I may be allowed.
Je puis le faire si on me le permet.

On se sert de *will* et *would* pour exprimer la volonté ou la résolution de faire une chose. Exemple :

I will go there, *je veux y aller.*
I would go there, *je voulais y aller.*

Mais si le verbe français *vouloir* n'exprime qu'un souhait ou le désir de faire une chose, on le traduit en anglais par *to wish* ou *to desire*. Exemple :

I wish to go there, *je veux y aller.*

Shall se trouve toujours joint à un verbe pour traduire le temps futur du verbe français : comme *You shall do it*, vous le ferez. *Should* tient souvent lieu du verbe devoir, *You should do it*, vous devriez le faire.

Le verbe *ought* a la même signification que *should*; ces deux verbes s'emploient indifféremment. Il faut observer seulement que *ought* est toujours suivi de *to* avant le verbe qu'il régit. Exemple :

You ought to do it, *vous devriez le faire.*

Le verbe *must* se traduit par *il faut que*. Exemple :

I must go there, *il faut que j'y aille*.

Ainsi le nominatif qui, en français, se trouve devant le subjonctif, en anglais trouve sa place avant le verbe *must* (1), et se traduit littéralement, *Je dois y aller*.

Pour former le passé de ce verbe, on dit : *I was obliged*, ou (*It was necessary for me*) *to go there*, Il fallut que j'y allasse. Il en est de même pour les autres temps de ce verbe.

DU VERBE IMPERSONNEL IL Y A.

On traduit *il y a* par *there is* lorsque le mot qui suit est au singulier, et par *there are* lorsqu'il est au pluriel. Exemple :

There is a man, *il y a un homme*.
There are some men, *il y a des hommes*.

There was a house, *il y avait une maison*.
There were some houses, *il y avait des maisons*.

et ainsi de même pour les autres temps.

Le substantif qui suit le verbe dans ces exemples est son nominatif : c'est comme si l'on disait : *A man is there*, un homme est là ; *some men are there*, des hommes sont là.

DES VERBES IRRÉGULIERS.

INFINITIF.		TEMPS PASSÉ.	PARTICIPE.
To abide,	*demeurer*.	Abode (2).	Abode.
To awake,	*éveiller*.	Awoke.	Awaked.
To bear,	*supporter*.	Bore.	Borne.
To beat,	*battre*.	Beat.	Beaten.

(1) *Must* n'a pas de préposition pour son régime.

(2) Les prétérits et les participes marqués d'un astérisque prennent aussi la forme régulière.

INFINITIF.		TEMPS PASSÉ.	PARTICIPE.
To begin,	*commencer.*	Began.	Begun.
To behold,	*voir.*	Beheld.	Beheld.
To bend,	*plier.*	Bent.	Bent.
To bereave,	*dépouiller.*	Bereft *.	Bereft *.
To beseech,	*supplier.*	Besought.	Besought.
To bid,	*commander.*	Bade.	Bidden.
To bind,	*lier.*	Bound.	Bound.
To bite,	*mordre.*	Bit.	Bitten.
To bleed,	*saigner.*	Bled.	Bled.
To blow,	*souffler.*	Blew.	Blown.
To break,	*rompre.*	Broke.	Broken.
To breed,	*engendrer.*	Bred.	Bred.
To bring,	*apporter.*	Brought.	Brought.
To burst,	*crever.*	Burst *.	Burst *.
To buy,	*acheter.*	Bought.	Bought.
To cast,	*jeter.*	Cast.	Cast.
To catch,	*attraper.*	Caught.	Caught.
To chide,	*gronder.*	Chid.	Chidden.
To choose,	*choisir.*	Chose.	Chosen.
To cleave,	*fendre.*	Clove, cleft.	Cloven, cleft.
To cling,	*s'attacher.*	Clang.	Clung.
To come,	*venir.*	Came.	Come.
To cost,	*coûter.*	Cost.	Cost.
To creep,	*ramper.*	Crept.	Crept.
To crow,	*chanter* (1).	Crew.	Crowed.
To cut,	*couper.*	Cut.	Cut.
To dare,	*oser.*	Durst *.	Dared.
To deal,	*trafiquer.*	Dealt *.	Dealt.
To die,	*mourir.*	Died.	Died.
To dig,	*bêcher.*	Dug.	Dug.
To do,	*faire.*	Did.	Done.
To draw,	*tirer.*	Drew.	Drawn.
To dream,	*rêver.*	Dreamt *.	Dreamed.
To drink,	*boire.*	Drank, drunk.	Drunk.

(1) Comme le coq. Dans son acception ordinaire, chanter s'exprime par *to sing*.

INFINITIF.		TEMPS PASSÉ.	PARTICIPE.
To drive,	*mener.*	Drove.	Driven.
To dwell,	*rester.*	Dwelt.	Dwelt.
To eat,	*manger.*	Eat, ate.	Eaten.
To fall,	*tomber.*	Fell.	Fallen.
To feed,	*nourrir.*	Fed.	Fed.
To feel,	*sentir.*	Felt.	Felt.
To fight,	*combattre.*	Fought.	Fought.
To find,	*trouver.*	Found.	Found.
To flee,	*fuir.*	Fled.	Fled.
To fling,	*lancer.*	Flung.	Flung.
To fly,	*voler.*	Flew.	Flown.
To forget,	*oublier.*	Forgot.	Forgotten.
To forsake,	*abandonner.*	Forsook.	Forsaken.
To freeze,	*geler.*	Froze.	Frozen.
To geld,	*châtrer.*	Gelt *.	Gelt *.
To get,	*gagner.*	Got.	Gotten.
To gild,	*dorer.*	Gilt *.	Gilt.
To gird,	*ceindre.*	Girt *.	Girt *.
To give,	*donner.*	Gave.	Given.
To go,	*aller.*	Went.	Gone.
To grind,	*moudre.*	Ground.	Ground.
To grow,	*croître.*	Grew.	Grown.
To hang,	*pendre.*	Hung *.	Hung * (1).
To hear,	*entendre.*	Heard.	Heard.
To hew,	*tailler.*	Hewed.	Hewn.
To hide,	*cacher.*	Hid.	Hidden.
To hit,	*frapper.*	Hit.	Hit.
To hold,	*tenir.*	Held.	Held, holden.
To hurt,	*blesser.*	Hurt.	Hurt.
To keep,	*garder.*	Kept.	Kept.
To knit,	*tricoter.*	Knit.	Knit.
To know,	*savoir.*	Knew.	Known.
To lade,	*charger.*	Loaded.	Laden *.
To lay,	*placer.*	Laid.	Laid.
To lead,	*mener.*	Led.	Led.

(1) On dit *hanged* en parlant du supplice; *he was hanged*, il fut pendu.

INFINITIF.		TEMPS PASSÉ.	PARTICIPE.
To leap,	*sauter.*	Leapt *.	Leapt *.
To leave,	*laisser.*	Left.	Left.
To lend,	*prêter.*	Lent.	Lent.
To let,	*permettre.*	Let.	Let.
To lie,	*se coucher.*	Lay.	Lain.
To load,	*charger.*	Loaded.	Loaden *.
To lose,	*perdre.*	Lost.	Lost.
To make,	*faire.*	Made.	Made.
To mean,	*signifier.*	Meant *.	Meant.
To meet,	*rencontrer.*	Met.	Met.
To mow,	*faucher.*	Mowed.	Mown *.
To pay,	*payer.*	Paid.	Paid.
To put,	*mettre.*	Put.	Put.
To read,	*lire.*	Read (1).	Read.
To rend,	*déchirer.*	Rent.	Rent.
To ride,	*aller à cheval.*	Rid, rode.	Rid, ridden.
To ring,	*sonner.*	Rang.	Rung.
To rise,	*lever.*	Rose.	Risen.
To run,	*courir.*	Ran.	Run.
To saw,	*scier.*	Sawed.	Sawn.
To say,	*dire.*	Said.	Said.
To see,	*voir.*	Saw.	Seen.
To seek,	*chercher.*	Sought.	Sought.
To seeth,	*bouillir.*	Sod.	Sodden.
To sell,	*vendre.*	Sold.	Sold.
To send,	*envoyer.*	Sent.	Sent.
To set,	*placer.*	Set.	Set.
To shake,	*secouer.*	Shook.	Shaken.
To shave,	*raser.*	Shaved.	Shaven *.
To shear,	*tondre.*	Shore *.	Shorn *.
To shed,	*répandre.*	Shed.	Shed.
To shew, to show,	*montrer.*	Shewed, showed.	Shewn, shown.
To shine,	*luire.*	Shone *.	Shone.
To shrink,	*se reculer.*	Shrank.	Shrunk.
To shoe,	*chausser.*	Shod.	Shod.

(1) *Read* se prononce *red* au temps passé et au participe.

INFINITIF.		TEMPS PASSÉ.	PARTICIPE.
To shoot,	*tirer.*	Shot.	Shot.
To shut,	*fermer.*	Shut.	Shut.
To sing,	*chanter.*	Sung, sang.	Sung.
To sink,	*s'abaisser.*	Sunk, sank.	Sunk.
To sit,	*s'asseoir.*	Sat.	Sat, sitten.
To slay,	*tuer.*	Slew.	Slain.
To sleep,	*dormir.*	Slept.	Slept.
To slide,	*glisser.*	Slid.	Slidden.
To sling,	*fronder.*	Slung.	Slung.
To slink,	*s'échapper.*	Slank.	Slunk.
To slit,	*fendre.*	Slit*.	Slit*.
To smell,	*sentir.*	Smelt.	Smelt.
To smite,	*frapper.*	Smote.	Smit, smitten.
To snow,	*neiger.*	Snowed.	Snown*.
To sow,	*semer.*	Sowed.	Sown*.
To speak,	*parler.*	Spoke.	Spoken.
To spend,	*dépenser.*	Spent.	Spent.
To spin,	*filer.*	Spun.	Spun.
To spit,	*cracher.*	Spit, spat.	Spitten.
To split,	*fendre.*	Split.	Split.
To spread,	*répandre.*	Spread.	Spread.
To spring,	*sauter.*	Sprang.	Sprung.
To stand,	*se tenir debout.*	Stood.	Stood.
To steal,	*voler.*	Stole.	Stolen.
To stick,	*coller.*	Stuck.	Stuck.
To sting,	*piquer.*	Stang.	Stung.
To stink,	*puer.*	Stank.	Stunk.
To strew, to strow,	*joncher.*	Strewed, strowed.	Strewn*, strown*.
To stride,	*enjamber.*	Strode.	Stridden.
To strike,	*frapper.*	Struck.	Struck, stricken.
To string,	*enfiler.*	Strung.	Strung.
To strive,	*tâcher.*	Strove.	Striven.
To swear,	*jurer.*	Swore.	Sworn.
To sweep,	*balayer.*	Swept.	Swept.
To swell,	*enfler.*	Swelled.	Swollen*.
To swim,	*nager.*	Swam.	Swam.
To swing,	*brandiller.*	Swang.	Swung.
To take,	*prendre.*	Took.	Taken.
To teach,	*enseigner.*	Taught.	Taught.

INFINITIF.		TEMPS PASSÉ.	PARTICIPE.
To tear,	*déchirer.*	Tore.	Torn.
To tell,	*dire.*	Told.	Told.
To think,	*penser.*	Thought.	Thought.
To thrive,	*profiter.*	Throve.	Thriven.
To throw,	*jeter.*	Threw.	Thrown.
To thrust,	*pousser.*	Thrust*.	Thrust*.
To tread,	*fouler.*	Trod.	Trodden.
To wax,	*cirer.*	Waxed.	Waxen*.
To wear,	*porter.*	Wore.	Worn.
To weave,	*tisser.*	Wove.	Woven.
To weep,	*pleurer.*	Wept.	Wept.
To win,	*gagner.*	Won, wan.	Won.
To wind,	*tourner.*	Wound.	Wound.
To work,	*travailler.*	Wrought*.	Wrought*.
To wring,	*tordre.*	Wrung.	Wrung.
To write,	*écrire.*	Wrote.	Writ, written.

CHAPITRE V.

DÉRIVATION.

SECTION PREMIÈRE.

DES MANIÈRES DIFFÉRENTES DANS LESQUELLES LES MOTS ANGLAIS SONT DÉRIVÉS LES UNS DES AUTRES.

Les mots sont dérivés les uns des autres de différentes manières :

1°. Des substantifs sont dérivés des verbes;

2°. Des verbes sont dérivés des substantifs, des adjectifs et quelquefois des adverbes;

3°. Des adjectifs sont dérivés des substantifs;

4°. Des substantifs sont dérivés des adjectifs;

5°. Des adverbes sont dérivés des adjectifs;

1°. Des substantifs sont dérivés des verbes : comme de " *to love* " (aimer) vient " *lover* " (amant); de " *buy* " (acheter), " *buyer* " (acheteur), etc.

2°. Des verbes sont dérivés des substantifs, des adjectifs, et quelquefois des adverbes : comme du substantif *salt* (sel) vient " *to salt* " (saler), de l'adjectif *warm* (chaud), *to* " *warm* " (échauffer), et de l'adverbe *forward* (en avant), " *to forward* " (avancer). Ils sont quelquefois formés en prolongeant la voyelle ou en adoucissant la consonne : comme de " *grass* (*herbe*), *to graze* " (paître); quelquefois en ajoutant EN : comme de " *length* (longueur), *to lengthen* " (prolonger); particulièrement des adjectifs : comme de " *short* (court), *to shorten* " (accourcir), " *bright* (clair), *to brighten* " (éclaircir).

3°. Des adjectifs sont dérivés des substantifs de la manière suivante : des adjectifs qui marquent l'abondance sont dérivés des substantifs en ajoutant un Y : comme de " *health* (santé), *healthy* (sain) " ; *wealth* (richesses), *wealthy* (riche); *might* (pouvoir), *mighty* (puissant) ", etc.

Les adjectifs qui marquent la substance dont on fait quelque chose sont dérivés des substantifs en ajoutant EN : comme de " *oak* (chêne), *oaken* (de chêne); *wood* (bois), *wooden* (de bois); *wool* (laine), *woollen* (de laine) ", etc.

Les adjectifs qui marquent l'abondance sont dérivés des substantifs en ajoutant FUL : comme de " *joy* (joie), *joyful* (joyeux); *sin* (péché), *sinful* (criminel); *fruit* (fruit), *fruitful* (fertile) ", etc.

Nota. L'adjectif *full* signifie *plein*, ainsi *joyful* (plein de joie), etc.

Les adjectifs qui marquent l'abondance, mais avec quelque diminution, sont dérivés des substantifs en ajoutant SOME : comme de " *light* (lumière), *lightsome* (éclairé); *trouble* (embarras), *troublesome* (embarrassé) ", etc.

Les adjectifs qui marquent la privation sont dérivés des substantifs en ajoutant LESS : comme de " *care* (souci), *careless* (sans souci); *joy* (joie), *joyless* (qui n'a plus de joie)", etc.

Nota. L'adjectif *less* signifie *moins*, et donne au substantif un sens négatif. On prépose quelquefois UN aux adjectifs, ou IN devant ceux qui sont dérivés du latin ; ce qui leur donne un sens opposé : *pleasant* (agréable), *unpleasant* (désagréable) ; *wise* (sage), *unwise* (imprudent) ; *patient* (patient), *impatient* (impatient), etc.

Les adjectifs qui marquent la ressemblance sont dérivés des substantifs en ajoutant LY : comme " *man* (homme), *manly* (mâle) ; *earth* (terre), *earthly* (terrestre) ; *court* (court), *courtly* (en homme de cour) ", etc.

Nota. LY est probablement une abréviation du mot *like* (semblable) : comme *man*, *manlike* ; *like a man* (qui ressemble à un homme).

Quelques adjectifs sont dérivés des autres adjectifs, ou des substantifs, en y ajoutant ISH ; cette terminaison, lorsqu'elle est ajoutée aux adjectifs, marque la diminution : comme " *white* (blanc), *whitish* (blanchâtre) ; *grey* (gris), *greyish* (grisâtre) ", etc. Lorsqu'elle est ajoutée aux substantifs, elle marque une similitude ou un penchant : comme " *child* (enfant), *childish* (enfantin) ; *thief* (voleur), *thievish* (adonné au larcin) ", etc.

Quelques adjectifs sont formés des substantifs ou des verbes, en ajoutant la terminaison ABLE, et donnent l'idée de capacité ou le pouvoir de faire : comme " *answer* (réponse), *answerable* (à quoi l'on peut répondre) ; *to change* (changer), *changeable* (inconstant) ", etc.

4°. Les substantifs sont dérivés des adjectifs quelquefois en ajoutant la terminaison NESS : comme " *white* (blanc), *whiteness* (blancheur) ; *swift* (vite), *swiftness* (vitesse) " ; quelquefois en ajoutant TH ou T, en faisant un petit changement dans quelques unes des lettres : comme *long* (long), *length* (longueur) ; *high* (haut), *height* (hauteur) ".

5°. Les adverbes qui expriment une qualité sont dérivés des adjectifs en ajoutant LY ou en changeant LE en LY : comme

" *base* (bas), *basely* (bassement); *slow* (lent), *slowly* (lentement)", etc.

Nota. Dans la plupart des adverbes, la terminaison anglaise LY répond à la terminaison française MENT.

Quelques substantifs sont dérivés d'autres substantifs, en ajoutant les terminaisons HOOD ou HEAD, SHIP, ERY, RICK, DOM, IAN, MENT et AGE.

Les substantifs qui se terminent en HOOD ou HEAD signifient le caractère ou les qualités : comme "*manhood* (virilité), *knighthood* (chevalerie), *falsehood* (fausseté)", etc.

Les substantifs qui se terminent en SHIP signifient charge, emploi ou état : comme "*lordship* (seigneurie), *stewardship* (la charge de maître-d'hôtel), *partnership* (société)", etc. Il y a quelques substantifs qui sont dérivés des adjectifs : comme "*hard* (dur), *hardship* (dureté)", etc.

Les substantifs qui finissent en ERY expriment l'action ou l'habitude : comme *slavery* (esclavage), *foolery* (sottise)", etc. Il y en a aussi quelques uns qui viennent des adjectifs : comme "*brave* (courageux), *bravery* (courage)", etc.

Les substantifs qui finissent en RICK et DOM marquent domination, juridiction ou état : comme "*bishoprick* (évêché), *kingdom* (royaume), *dukedom* (duché), *freedom* (liberté)", etc.

Les substantifs qui finissent en IAN sont ceux qui marquent la profession : comme "*musician* (musicien), *physician* (médecin)", etc.

Ceux qui finissent en MENT et AGE viennent, pour la plupart, du français, et signifient généralement l'action ou l'habitude : comme *commandment* (commandement), *usage* (habitude)".

Quelques substantifs qui se terminent en ARD dérivent de verbes ou d'adjectifs, et marquent le caractère ou l'habitude : comme "*drunk* (ivre), *drunkard* (ivrogne), *dote* (radoter), *dotard* (radoteur)", etc.

Les particules prépositives *dis* et *mis*, dérivées de *des* et *mes* du français, signifient presque la même chose que la particule *un*; cependant *dis* marque plutôt la contrariété que la privation, et répond à la préposition latine *de*. *Mis* insinue quelque erreur, et on peut le traduire généralement par les mots latins *male* ou *perperam* : *To like* (aimer), *to dislike* (n'aimer pas), *honour* (honneur), *dishonour* (déshonneur); *to take* (prendre), *to mistake* (méprendre); *deed* (action), *misdeed* (transgression); *to use* (user), *to misuse* (abuser de), etc.

SECTION II.

MOTS ANGLAIS DÉRIVÉS DES LANGUES ÉTRANGÈRES.

Dans la section précédente, nous avons vu comment les mots sont formés les uns des autres à l'aide des syllabes initiales et des terminaisons, nous allons maintenant offrir quelques observations sur la dérivation des mots anglais du latin, du français et du saxon.

SUBSTANTIFS.

Un nombre de substantifs latins de la première déclinaison ont passé en anglais et en français avec le même changement dans la terminaison, comme

LATIN.	ANGLAIS.	FRANCAIS.
Innocentia.	Innocence.	Innocence.
Musa.	Muse.	Muse.
Rosa.	Rose.	Rose.
Scientia.	Science.	Science.
Diligentia.	Diligence.	Diligence.

Les mots latins en AS qui ont pris en français la terminaison É, ont aussi passé en anglais avec la finale Y, comme

Utilitas.	Utility.	Utilité.
Unitas.	Unity.	Unité.
Necessitas.	Necessity.	Nécessité.
Societas.	Society.	Société.

Les substantifs latins en ATIO et ASIO ont passé dans les deux langues avec la même orthographe, et ils ne diffèrent que dans leur prononciation, comme

LATIN.	ANGLAIS.	FRANÇAIS.
Natio.	Nation.	Nation.
Creatio.	Creation.	Création.
Conversatio.	Conversation.	Conversation.
Reputatio.	Reputation.	Réputation.
Versificatio.	Versification.	Versification.

Les substantifs en OR et ER sont dérivés de ceux qui ont la même terminaison en latin, comme

Doctor.	Doctor.	Docteur.
Præceptor.	Preceptor.	Précepteur.
Magister.	Master.	Maître.

Les substantifs anglais et français terminés en MENT viennent des mots latins en MENTUM, comme

Documentum.	Document.	Document.
Monumentum.	Monument.	Monument.
Exemplum.	Example.	Exemple.

Les substantifs anglais et français qui terminent en UDE viennent des mots latins en UDO, comme

Mansuetudo.	Mansuetude.	Mansuétude.
Rectitudo.	Rectitude.	Rectitude.
Altitudo.	Altitude.	Altitude.
Latitudo.	Latitude.	Latitude.
Aptitudo.	Aptitude.	Aptitude.

ADJECTIFS.

Nous avons un grand nombre d'adjectifs formés des adjectifs

latins, comme en français. Tels sont les adjectifs qui terminent en US et OSUS, comme

LATIN.	ANGLAIS.	FRANCAIS.
Pius.	Pious.	Pieux.
Gloriosus.	Glorious.	Glorieux.
Odiosus.	Odious.	Odieux.

Ceux en **IVUS**, comme

Activus.	Active.	Actif.
Passivus.	Passive.	Passif.

Ceux en **DUS**, comme

Timidus.	Timid.	Timide.
Floridus.	Florid.	Fleuri.
Splendidus.	Splendid.	Splendide.

Ceux en **LIS**, comme

Docilis.	Docile.	Docile.
Futilis.	Futile.	Futile.
Fragilis.	Fragile.	Fragile.

Ceux en **ENS** et **ANS**, comme

Diligens.	Diligent.	Diligent.
Constans.	Constant.	Constant.
Prudens.	Prudent.	Prudent.

VERBES.

La plupart des verbes anglais sont tirés du latin, soit simples ou composés, comme

LATIN.	ANGLAIS.	FRANCAIS.
Moveo.	I move.	Mouvoir (1).
Sedeo.	I sit.	S'asseoir.
Admiror.	I admire.	Admirer.

(1) Bien que les verbes latins et anglais soient à la première personne de l'indicatif, j'ai mis les verbes français correspondans à l'infinitif, parce qu'ils conservent mieux leur forme latine à l'infinitif qu'à l'indicatif.

On joint souvent SH à la fin des verbes ainsi dérivés, comme

Admoneo.	I admonish.	Exhorter.
Vinco.	I vanquish.	Vaincre.
Ruo.	I rush.	S'élancer.
Relinquo.	I relinquish.	Céder.
Langueo.	I languish.	Languir.
Publico.	I publish.	Publier.

On forme les verbes anglais plus souvent du participe latin, comme

Creo,	creatus.	I create.	Créer.
Convinco,	convictus.	I convict.	Convaincre.
Transfero,	translatus.	I translate.	Transférer.
Imitor,	imitatus.	I imitate.	Imiter.

A l'instar des Latins et des Grecs, nous avons d'un seul *mot radical* tiré un grand nombre de mots composés, à l'aide des particules latines. L'élève, en faisant un peu d'attention, pourra les apprendre facilement. J'en donnerai deux exemples : du verbe latin *solvere, solutus*, soudre, nous avons les mots suivans,

To Solve,	*soudre.*
Solvable,	*aisé à soudre.*
Soluble,	*qui peut se résoudre.*
Solubilty,	*résolution.*
Solvency,	*solvabilité.*
Solvent,	*solvable.*
Solution,	*solution.*
Solutive,	*laxatif.*

En préfixant **AB.**

Absolve,	*absoudre.*
Absolution,	*absolution.*
Ablution,	*ablution.*
Absolute,	*absolu.*
Absolutely,	*absolument.*
Absolutory,	*absolutoire.*

En préfixant **DIS.**

Dissolve,	*dissoudre.*
Dissoluble,	*qui se peut dissoudre.*
Dissolvent,	*dissolvant.*
Dissolvible,	*qui se peut dissoudre.*
Dissolute,	*dissolu.*
Dissolution,	*dissolution.*

En préfixant **RE.**

To Resolve,	*résoudre.*
Resolvable, Resoluble,	*qui peut se résoudre.*
Resolvent,	*un résolvant.*
Resolute,	*résolu.*
Resolution,	*résolution.*

Du verbe latin *jacio, jacere, jactus*, qui, dans sa forme composée, fait *jicio, jicere, jectus*, jeter, nous avons les mots suivans,

En préfixant **AB.**

Abject,	*abject.*
Abjectness,	*abjection.*
Abjectly,	*bassement.*

En préfixant **CON.**

Conjecture,	*conjecture.*
Conjecturer,	*celui ou celle qui conjecture.*
Conjectural,	*conjectural.*

En préfixant **DE.**

Deject,	*abattre.*
Dejection,	*abattement de cœur.*
Dejecture,	*déjection.*

En préfixant **E.**

Eject,	*pousser dehors.*
Ejection,	*émission.*
Ejaculate.	*jaculatoire.*
Ejaculatory,	*éjaculation.*

En préfixant **IN**.

Inject,	*jeter dedans.*
Injection,	*injection.*
Interjection,	*interjection.*

En préfixant **OB**.

Object,	*objet.*
Objection,	*objection.*
Objector,	*qui fait une objection.*
Objective,	*objectif.*

En préfixant **PRO**.

Project,	*projet.*
Projection,	*projection.*
Projector,	*faiseur de projets.*
Projecture,	*saillie.*
Projectile,	*projectile.*

En préfixant **RE**.

Reject,	*rejeter.*
Rejection,	*l'action de rejeter.*
Rejectable,	*qui est à rejeter.*

Dans le premier cas, nous avons vingt-sept mots, et dans le dernier vingt-neuf, tous provenant des deux mots latins *solvere* et *jacere*; et le même système de composition peut s'appliquer à beaucoup d'autres.

Nota. Il est bien certain qu'un grand nombre de nos mots viennent du français; mais comme il est impossible de les savoir au juste, et comme ils sont tirés tous de la même source, j'espère que l'arrangement que j'ai fait me sera permis.

Dans tous les mots techniques, relatifs aux sciences, nous avons eu recours au grec, et les mots sont les mêmes en français en changeant un peu la terminaison.

L'allemand ou le saxon formant la base de la langue anglaise parlée aujourd'hui, nous avons naturellement un grand nombre de mots dérivés des deux langues ci-dessus citées, et l'examen fera voir que de cette source viennent la plupart des monosyllabes avec lesquels nous avons formé une innombrable quantité d'autres mots, comme on peut le voir dans la section précédente.

Nous en avons aussi un grand nombre formés à l'aide de deux substantifs, ce qui sert beaucoup à enrichir la langue et à faciliter l'élève à les apprendre très aisément lorsqu'il les connaît une seule fois sous leur forme primitive, comme

Rainbow,	*arc-en-ciel.*
Birthday,	*jour de naissance.*
Inkstand,	*écritoire.*
Candlestick,	*chandelier.*
Coachman,	*cocher.*
Bookseller,	*libraire.*
Windmill,	*moulin à vent.*

Nous en trouvons d'autres unis ensemble par un tiret comme

Coach-horse,	*cheval de carrosse.*
Glow-worm,	*ver luisant.*
Tea-pot,	*théière.*
Tea-cup,	*tasse à thé.*

Il y a d'autres noms composés, soit d'un verbe et d'un substantif, soit d'un adjectif et d'un substantif.

Par exemple : prenons le mot *riding-coat*; l'élève doit savoir que le mot *riding* est le participe présent du verbe *to ride* (*reiten* en allemand), qui signifie *se promener à cheval*, et que le mot *coat*, venant du mot français *cotte*, ou *cotta*, en italien, signifie *habit*: c'est à dire *un habit fait pour se promener à cheval*. D'où vient le mot français *redingote*.

Le mot *breakfast*, déjeûner, est composé du verbe *break*, rompre, et du substantif *fast*, jeûne; rompre le jeûne.

Dans le mot *husband*, mari, la première syllabe est une

abréviation du mot *house*, maison; la seconde signifie *bande* ou *lien*: c'est à dire la bande, le lien ou l'appui de la maison.

Dans le mot *fortnight*, quinze jours, la première syllabe est une abréviation du mot *fourteen*, quatorze; le mot *night* signifie *nuit*: ainsi, nous disons littéralement *quatorze nuits* pour exprimer quinze jours.

Le mot *Christmas*, Noël, signifie la messe ou la fête de Jésus-Christ.

Les verbes simples d'origine saxonne ne sont pas nombreux: ce sont les seuls verbes qui soient irréguliers dans leur conjugaison; ils sont presque tous des monosyllabes; ils expriment les actions les plus ordinaires de la vie, comme

To bring,	*apporter.*
To come,	*venir.*
To do,	*faire.*
To drink,	*boire.*
To eat,	*manger.*
To go,	*aller.*
To sleep,	*dormir.*
To speak,	*parler.*

A l'aide de ces verbes nous avons formé beaucoup de verbes composés, en préposant une particule, qui en modifie le sens primitif, comme

To come,	*venir.*	To become,	*devenir.*
To go,	*aller.*	To undergo,	*subir.*
To do,	*faire.*	To outdo,	*surpasser.*
		To overdo,	*faire trop.*
		To undo,	*défaire.*
To speak,	*parler.*	To bespeak,	*commander de faire.*

Nous avons encore une autre méthode de changer la signification de nos verbes, en les faisant suivre d'une particule, méthode dont nous sommes redevables à l'allemand.

Cette facilité, qui est une source de richesses pour la langue anglaise, est en même temps la cause des plus grandes difficultés qu'éprouvent les étrangers en l'étudiant. Cependant le verbe et la particule, pris chacun séparément, expliquent souvent bien clairement le sens, comme

To go in,	*aller en dedans,*	*entrer.*
To go out,	*aller au dehors,*	*sortir.*
To come down,	*venir en bas,*	*descendre.*

D'autres, au contraire, sont si irréguliers et s'écartent tellement du sens des mots simples, qu'il est impossible de suivre les degrés par lesquels ils arrivent à l'acception dans laquelle on les prend, et qu'on peut seulement acquérir par la pratique et la lecture.

APERÇU BREF

DE LA FORMATION DE LA LANGUE ANGLAISE.

A l'arrivée de Guillaume, duc de Normandie, en Angleterre vers l'an 1067, la langue saxonne était la seule qui fût parlée; mais lorsqu'il eût été reconnu roi, les Normands introduisirent dans la Bretagne la langue française, et comme ils en avaient soumis presque tous les habitans, ils la firent enseigner dans les écoles publiques : leurs lois étant presque entièrement écrites en français, et cet idiome étant le seul permis devant les tribunaux, il ne tarda pas à devenir commun et à se mêler à celui qui se parlait dans le pays avant la conquête. C'est ainsi que s'acheva la dernière révolution dans la langue nationale, révolution que l'on peut regarder avec raison comme la *base principale* sur laquelle on a formé le langage qui se parle encore aujourd'hui en Angleterre.

D'autres causes dans la suite ont aussi puissamment contribué au perfectionnement de la langue anglaise : on peut remarquer, entre autres, le commerce et les sciences, qui naturellement ont introduit un grand nombre de mots nouveaux dans un pays où ces branches sont principalement suivies et étudiées. Ainsi, les Anglais, peuple essentiellement commerçant, ont adopté une grande quantité d'expressions étrangères propres au commerce et aux arts, et à différentes époques nos savans ont puisé dans les riches trésors des Grecs et des Latins les termes techniques dont on fait usage dans les sciences, les mathématiques, la philosophie, la physique et l'anatomie.

Nous possédons aussi quelques mots tirés de l'italien; ce que nous devons attribuer à nos fréquentes communications avec l'Italie, à l'époque où les Papes avaient établi leur suprématie en Angleterre.

Mais c'est à la langue française que nous sommes principalement redevables : c'est d'elle que nous avons pris nos expressions les plus délicates, soit qu'elles aient rapport à la guerre, à la politesse ou aux usages domestiques.

Quant à nos termes maritimes, qui sont nombreux et expressifs, nous en chercherons l'étymologie, pour la plupart du moins, dans les dialectes du Nord.

De cet aperçu rapide de la révolution et de la formation de la langue anglaise, on peut conclure qu'elle n'est qu'un mélange de latin et de teutonique : sous le nom latin, je comprends les dialectes qui en dérivent, le français, l'italien, l'espagnol, etc.; le teutonique, au contraire, renferme les langues du Nord, auxquelles nous avons plus ou moins emprunté : le saxon, l'allemand, le danois, etc.

En comparant notre langage, tel qu'il est parlé aujourd'hui, avec le saxon usité en Angleterre avant l'invasion de Guillaume-le-Conquérant, on peut se demander si la langue a perdu ou gagné à ce changement. On répond à cette question, que si elle a perdu en concision et en énergie, elle a considérablement gagné en nombre et en élégance; et les écrivains aussi nombreux que distingués tant du siècle présent que du siècle passé l'ont tellement enrichie par leurs inestimables productions, qu'on peut dire, sans s'exposer à être contredit, qu'elle ne le cède maintenant à aucune autre langue de l'Europe en élégance et en pureté du style. Notre langue s'est encore embellie et enrichie par les emprunts heureux qu'elle a faits aux autres langues, tant en donnant une *tournure anglaise* à des mots étrangers, qu'en en créant de nouveaux par une composition presque aussi ingénieuse que celle des Grecs.

FIN.

TABLE DES MATIÈRES.

PREMIÈRE PARTIE.

MONOSYLLABES FACILES.

DEUXIÈME PARTIE.

MOTS FACILES DE DEUX SYLLABES.

TROISIÈME PARTIE.

ANECDOTES ET EXTRAITS FACILES.

QUATRIÈME PARTIE.

RÈGLES SUR LA PRONONCIATION, L'ACCENTUATION, LA QUANTITÉ, — INTRODUCTION A LA LANGUE ANGLAISE, ET DÉRIVATION DES MOTS ANGLAIS.

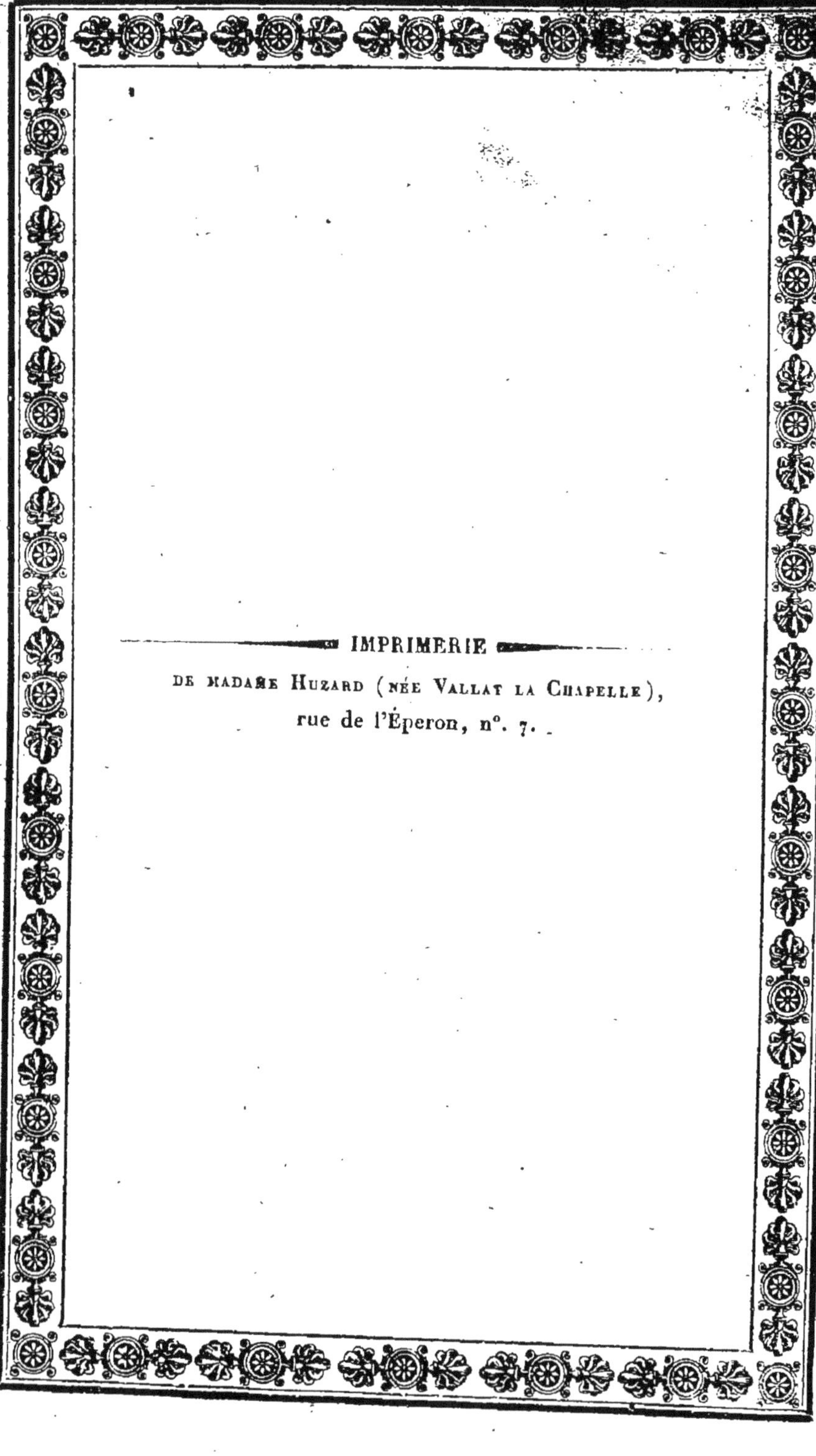

IMPRIMERIE
DE MADAME HUZARD (NÉE VALLAT LA CHAPELLE),
rue de l'Éperon, n°. 7.

www.ingramcontent.com/pod-product-compliance
Ingram Content Group UK Ltd.
Pitfield, Milton Keynes, MK11 3LW, UK
UKHW020323230726
13925UKWH00002B/590

9 782019 146795